해외직접투자 신고 가이드

해외직접투자 신고 가이드

발행일   2023년 8월 28일

지은이   오정현
펴낸이   손형국
펴낸곳   (주)북랩
편집인   선일영   편집   윤용민, 배진용, 김다빈, 김부경
디자인   이현수, 김민하, 김영주, 안유경   제작   박기성, 구성우, 변성주, 배상진
마케팅   김회란, 박진관
출판등록   2004. 12. 1(제2012-000051호)
주소   서울특별시 금천구 가산디지털 1로 168, 우림라이온스밸리 B동 B113~114호, C동 B101호
홈페이지   www.book.co.kr
전화번호   (02)2026-5777   팩스   (02)3159-9637

ISBN   979-11-93304-19-8 93360 (종이책)   979-11-93304-20-4 95360 (전자책)

(주)북랩 성공출판의 파트너

북랩 홈페이지와 패밀리 사이트에서 다양한 출판 솔루션을 만나 보세요!

홈페이지 book.co.kr   •   **블로그** blog.naver.com/essaybook   •   **출판문의** book@book.co.kr

작가 연락처 문의 ▸ ask.book.co.kr

작가 연락처는 개인정보이므로 북랩에서 알려드릴 수 없습니다.

외국환거래법 개정으로 달라진 해외직접투자 신고의 모든 것

해외직접투자 신고 가이드

오정현 지음

A-Z

기업에서 개인까지, 해외직접투자에 관심 있는 투자자라면
반드시 알아야 할 신고서 작성 방법 및 유의사항 총망라!

북랩

'법률의 不知는 보호받지 못한다'라는 말이 있습니다. 2023년 4월 한 신문에서 보도한 "외국환거래 절차 위반 무더기 적발 … 신고·보고의무 모르면 낭패"라는 기사는 위 문구가 말하는 상황을 잘 드러냅니다. 이 기사에 따르면 작년에만 총 702건의 외국환거래 절차 위반사례가 적발되었고, 이 중 해외직접투자가 47.6%로 가장 많은 위규거래 유형에 해당하며, 이러한 위규사례에 대하여 금융감독원은 과태료 부과에서부터 수사기관 통보까지 다양한 제재조치를 했다고 합니다. 외국환거래 위반이 초래하는 결과가 결코 가볍지 않음을 잘 알 수 있습니다.

십여 년 전 회사 법무실에서 근무할 때가 생각났습니다. 외국환거래 관련 질의에 답하기 위해서 외국환거래법뿐만 아니라 외국환거래규정을 여기저기 뒤적거리며 찾아야 했고, 결국은 한국은행 외환심사팀의 해석을 받아 보아야 하는 경우도 많았습니다. 제가 받은 느낌은 법규 체계가 너무 복잡하다는 것이었습니다. 외국환거래의 당사자가 의도하지 않게 규정을 위반하는 경우가 제법 많을 것이라고 생각했습니다.

이 책은 이처럼 복잡한 외국환거래 관련 규정, 그중에서도 위반사례가 가장 많이 적발되는 해외직접투자 관련 사항을 집중적으로 다룬 실무서입니다. 기존에도 외국환거래법에 대한 해설을 담은 책이나 외국환거래 관련 규정을 설명한 책은 많았지만, 저는 '해외직접투자'에 초점을 맞추어 외국환거래법부터 실제 외국환은행들이 실무를 할 때 기준이 되는 외국환거래업무 취급지침에 이르기까지 관련 규정을 이 책에 모두 담고자 하였습니다. 또 서식들만 모아 놓은 기존의 책들과는 차별성을 두어 해외직접투자의 단계별로 회사의 실무 담당자가 작성하여야 하는 제반 서식들의 작성 예시를 제공하고, 초보자도 작성할 수 있게끔 서식의 세부 항목들에 대해 자세한 설명을 달았습니다. 또한 단순한 규정의 나열에 그치지 않고 규정의 변천 과정 및 취지를 이해하기 쉽게 설명하였습니다. 즉, 이 책은 해외직접투자를 하고자 하는 기업의 실무자가 관련 규정을 일일이 찾아보지 않고도 업무를 처리할 수 있도록 하는 실무용 가이드입니다.

저는 회사 생활을 하며 회사 내부용 책자를 발간해 본 경험은 몇 번 있습니다. 그러나 제 개인적으로 책을 출간하는 것은 이번이 처음입니다. 그래서 이 책이 얼마나 많이 읽힐지 의문이기는 합니다만 책을 읽게 될 분들에게 많은 책임감을 느낍니다. 이 책이 해외직접투자를 하거나 하시게 될 여러분들께 조금이나마 도움이 되기를 바랍니다. 이 책에 대한 반응이 좋으면 해외직접투자 외에도 다른 외국환거래 부분도 다뤄 보고 싶습니다.

부족한 책이지만, 이 책을 쓸 수 있도록 계기가 되어 주었고 매의 눈으로 검수하여 책의 완성도를 높여 준 제 평생의 반려자께 정말 고맙다는 말을 하고 싶습니다. 또한 처음으로 '저자'라는 말을 듣게 해 준 북랩 출판사에도 감사드립니다.

2023년 8월
오정현

※ 일러두기

이 책의 출간 직전인 2023년 8월 11일 외국환거래업무 취급지침이 개정되었습니다. 출간 일정상 아쉽게도 개정된 지침을 이 책에 반영하지는 못했습니다. 그러나 동 지침 개정사항은 이 책 28쪽부터 31쪽까지 다룬 외국환거래규정 개정사항(① 선지급 해외송금액 상향, ② 거주자 간 지분 양·수도시 사후보고 대상 전환, ③ 사후보고 기간 연장 및 ④ 제출서류 부담 경감)을 그대로 지침에 반영한 것이므로 이를 참고하시면 됩니다. 개정지침은 은행연합회 홈페이지 > 공시·자료실 > 자료실 > 기타자료 > 195. 외국환거래업무취급지침 (2023. 8. 11. 시행)에 게시되어 있습니다(kfb.or.kr/publicdata/data_other.php).

Contents

외국환거래에 대한 규율과 해외직접투자

II
외국환거래법상
해외직접투자 정의와 유형

III
해외직접투자의
최초신고

IV
해외직접투자의
변경보고

V
해외직접투자의
사후관리

VI
해외직접투자사업의 청산

VII
해외직접투자
위반행위에 대한 처벌

부록

CASE별 서류 작성 예시

서식 차례

외국환거래 위반사례

I

외국환거래에 대한 규율과
해외직접투자

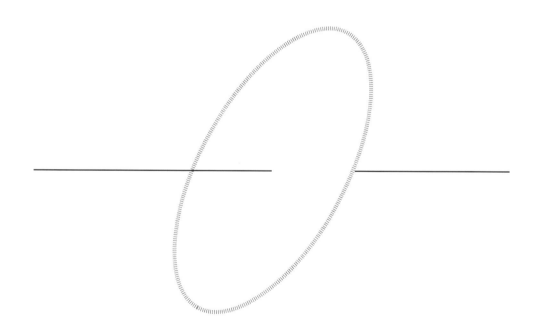

1. 외국환거래 관련 법규 체계의 특징

가. 법 - 시행령 - 기획재정부 고시로 이루어진 기본 규율체계

외국환거래법은 우리나라 외국환거래를 규율하는 기본법이다. 동법은 타 법들과 마찬가지로 필요한 경우 외국환거래법 시행령에 하부위임을 하고 있다. 외국환거래법 시행령은 다시 필요한 경우 하부위임규정을 두고 있는데, 통상 "시행규칙"의 형태로 재하부위임이 이루어지는 것과는 다르게 외국환 거래법령의 재하부위임은 기획재정부 고시 형태로 되어 있다. 이와 같이 하 부위임규정을 "고시" 형태로 하는 것은 외국환거래 관련 규율의 신속한 제·개정을 가능케 한다. "시행규칙"은 원칙적으로 법규명령으로서 성질을 가지는 데 비하여 "고시"는 행정규칙으로서 성질을 갖기 때문이다.[1]

---

[1] 기본적으로 "법규명령"은 국민이나 법원을 구속하는 대외적 구속력을 가지나, "행정규칙"은 행정조직 내부에서만 효력이 있는 행정명령이라는 점에서 큰 차이가 있다. 따라서 내부 사무처리준칙에 불과한 행정규칙은 원칙적으로 상위법의 수권 없이 제정될 수 있을 뿐만 아니라 내용상 통제나 공포절차 등을 필요로 하지 않기 때문에 상대적으로 제·개정이 용이하다(정남철, "판례연구" 「법령 보충적 성격의 행정규칙의 정비방향과 위임사항의 한계」, 행정판례연구 12, 한국행정판례연구회, 박영사, 2007. 6. 30., p. 101.). 그러나 명칭은 "행정규칙"이나 내용은 대외적 구속력이 있는 경우가 왕왕 발생한다. 판례는 상위법령의 위임을 받거나 이를 보충하는 경우에 한하여 행정규칙의 법규적 효력을 인정하고 있는바, 이를 "법령 보충적 행정규칙"이라고 한다(정남철, 전게문, p. 102.). 이 책에서 살펴보고자 하는 외국환거래 관련 하부위임규정인 외국환거래규정(기획재정부 고시 형태로 된)은 i) 외국환거래법 및 동법 시행령에서 위임받은 규정사항의 내용을 보충하는 기능을 지니면서, ii) 외국환거래와 관련한 신고 대상 거래와 신고요건 등을 정하고 있다는 점에서 외국환거래법령과 결합하여 대외적으로 구속력이 있는 법규명령의 성질을 가진 법령 보충적 행정규칙에 해당될 가능성이 높다(같은 취지에서 보건사회부장관이 정하는 노인복지사업지침이 법령 보충적 행정규칙에 해당한다는 판례로 대법원 1996. 4. 12. 선고 95누7727 판결이 있음).

나. 분산 위임

외국환거래법은 상기와 같은 법 - 시행령 - 기획재정부 고시에 따른 규율 체계를 기본으로 하면서 다시 업무별로 여러 기관에 분산 위임을 하고 있다. 예를 들면 환전업무와 관련한 등록·감독 등은 세관의 장에게, 외국환업무 취급기관이나 소액해외송금업자에 대한 감독 등은 금융감독원장에게, 외국 환중개회사에 대한 감독 등은 한국은행총재에게, 외국환거래 관련 신고 등은 외국환업무취급기관의 장에게 재위임하거나 재위탁하는 것이 그것이다 (외국환거래법 제23조 제1항, 동법 시행령 제37조). 이러한 분산 위임은 그렇지 않아도 복잡한 외국환거래의 규율체계를 더욱 복잡하게 만든다. 따라서 외국환 관련 법규의 정확한 검토를 하기 위해서는 첫 번째로 대상행위가 외국환 관련 법규의 규율 대상인지, 두 번째로 관련 하부위임규정이 무엇인지를 파악할 필요가 있다.

2. 외국환 관련 법규의 규율 대상

외국환거래법의 목적은 "외국환거래와 그 밖의 대외거래의 자유를 보장하고 시장기능을 활성화하여 대외거래의 원활화 및 국제수지의 균형과 통화가치의 안정을 도모함으로써 국민경제의 건전한 발전에 이바지하는" 것이다(외국환거래법 제1조).

이러한 법의 목적, 즉, ⅰ) "외국환거래와 그 밖의 대외거래 자유를 보장"하기 위하여 외국환거래법은 외국환거래 사항을 기본적으로 "허가"가 아닌 "신고"나 "보고" 사항으로 규정한다. 다음으로 ⅱ) "통화가치의 안정"을 위하여 인적 또는 물적으로 외국적 요소가 있어 내국통화나 외국통화의 가치변동이 있고, 이러한 가치변동이 대한민국에 영향을 줄 수 있는 경우 외국환거래법의 규율 대상으로 하고 있다. 이와 같은 취지에서 외국환거래법은 외국환을 대외지급수단, 외화증권, 외화파생상품 및 외화채권으로 정의하면서도(외국환거래법 제3조 제1항 제13호), 외국환업무에는 이러한 외국환의 발행 또는 매매(외국환거래법 제3조 제1항 제16호 가목), 외국통화로 표시되거나 지급되는 거주자와의 예금, 금전대차 또는 보증(외국환거래법 제3조 제1항 제16호 다목)과 같이 "외화"와 관련된 업무 외에도 비거주자와의 예금, 금전대차 또는 보증(외국환거래법 제3조 제1항 제16호 라목), 비거주자와 "내국통화"로 표시되거나 지급되는 증권 또는 채권매매나 매매의 중개까지도 외국환업무로 보고 있다(외국환거래법 제3조 제1항 제16호 마목, 동법 시행령 제6조 제1호).

이러한 취지에서 순수하게 국내적 요소만 있거나(예를 들면 거주자 간 원화거래), 순수하게 외국적 요소만 있는 경우(예를 들면 비거주자 간 외화거래)는 기본적으로 외국환거래법의 규율 대상이 아니다. 이를 간단히 표로 정리하면 다음과 같다.

【외국환거래법의 적용대상】

거래주체	거주자 간	거주자·비거주자 간	비거주자 간
원화거래	N/A	해당	해당
외화거래	해당	해당	N/A

3. 외국환 관련 법규 규율의 특징

가. 법률이 아닌 "기획재정부 고시"를 통한 실질적 규제

1) 외국환 "관리"법에서 외국환 "거래"법으로 법률 변경

우리나라 외국환거래법의 최초 전신은 1961. 12. 31. 법률 제933호로 제정된 "외국환관리법"이다. 법률의 명칭에서 나타나는 바와 같이 제정 당시 외국환관리법은 "외국환과 그 거래 기타 대외거래를 관리하여 국제수지의 균형, 통화가치의 안정과 외화자금의 효율적 운영을 기하는 데" 그 목적이 있었다(1961. 12. 31. 법률 제933호 외국환관리법 제1조 및 동법 제정 당시 제정 이유 참조). 즉, 동법은 외국환을 "관리"하는 데 목적이 있었던 것이다.

그러나 IMF 이후 외자 유치 및 외환거래의 단계적 전면 자유화를 통한 국가경쟁력 강화를 위하여 기존 외국환관리법을 전면 폐지하고 "외국환거래법"을 신규 제정하면서 법의 기본적 방향이 완전히 바뀌었다. 이는 신규 제정 당시의 제·개정이유를 보면 더욱 명확해진다.

【1998. 9. 16. 법률 제5550호 외국환거래법 폐지제정 관련 제·개정이유】

우리 경제에 필요한 외자를 원활히 유치할 수 있도록 외국인의 국내투자환경을 개선하고 금융기관과 기업의 국내외 외환거래를 단계적으로 전면 자유화함으로써 국가경쟁력을 강화하는 한편, 이에 따른 부작용을 최소화하기 위하여 외자를 취급하는 금융기관에 대한 건전성 감독을 강화하고, 평상시 외자유출입 상황의 지속적인 동향점검과 국내외 경제상황의 급격한 변동 시에 효과적으로 대처할 수 있는 각종 안전장치를 강화하려는 것임.

가. 법의 제명을 "외국환거래법"으로 하고, 종전의 외국환관리법은 이 법 시행과 동시에 이를 폐지함
나. 종전의 외국거래법은 외국환거래 기타 대외거래의 합리적인 조정 또는 관리를 입법목적으로 하였으나, 이 법은 대외거래의 자유보장을 입법목적으로 하여 대외거래에 대한 제한은 필요한 최소한의 범위 안에서 행하여지도록 함

2) 외국환거래법상 대외거래 자유보장 원칙 등의 천명

실제로 현행 외국환거래법은 제1조에서 동법의 원칙을 "외국환거래와 그 밖의 대외거래의 자유를 보장하고 시장기능을 활성화하여 대외거래의 원활화 및 국제수지의 균형과 통화가치의 안정을 도모함으로써 국민경제의 건전한 발전에 이바지하는 것"으로 밝히고 있고, 동법 제4조는 대외거래 원활화를 촉진하기 위하여 이 법에 따른 제한은 "필요한 최소한의 범위 내"에서만 한다고 되어 있다. 이 책에서 다루고자 하는 해외직접투자를 포함한 신고나 보고가 필요한 외국환거래도 동법 제16조(지급 또는 수령의 방법의 신고), 제17조(지급수단 등의 수출입 신고), 제18조(자본거래의 신고 등) 등 세 개 조문으로 정하고 있고, 외국환거래법 시행령도 이와 관련하여 제30조(지급 또는 수령 방법의 신고), 제31조(지급수단 등의 수출입 신고), 제32조(자본거래의 신고 등) 등 세 개 조문으로 정하고 있을 뿐이다.

3) 실질적 규제사항은 외국환거래규정에서 정함

그러나 이와 같이 비교적 단순해 보이는 외국환 관련 규제는 기획재정부 고시인 외국환거래규정에서 매우 복잡다단하게 바뀐다. 실질적으로 외국환거래 관련 규제는 외국환거래규정을 통하여 이루어지는 것이다. 즉, 외국환거래법 및 시행령은 "선언적 규제"를, 외국환거래규정은 "실질적 규제"를 하고 있는 것이다.[2]

4) 분산 위임: 외국환거래 관련 신고 등은 외국환거래업무취급지침을 통하여 규제

현행 외국환거래법상 주요 규제가 실질적으로 외국환거래규정을 통하여 이루어지는 상황에서 외국환거래법은 또다시 업무별로 하부위임을 하고 있으므로(외국환거래법 제23조 제1항, 동법 시행령 제37조) 이러한 하부위임규정까지 살펴야 정확한 관련 규정을 파악할 수 있다. 예를 들면 이 책에서 다루고자 하는 해외직접투자를 포함한 외국환거래와 관련한 신고 등의 절차를 알기 위해서는 외국환거래규정 외에도 은행연합회에서 정한 외국환거래업무취급지침까지 파악하여야 한다(외국환거래규정 제10-13조).[3]

---

2 사견으로 이러한 규제 방식이 타당한지는 의문이 든다. 외국환거래규정을 법령 보충적 행정규칙이라고 보더라도 그 위임의 한계는 "법령을 보충"하는 한도 내에서 이루어져야 하기 때문이다. 더구나, 외국환거래규정 위반이 대부분 과태료나 형벌부과와 연관되는 점을 고려하면 이러한 법규 형식의 타당성에 더욱 의문이 갈 수밖에 없다.

3 이외에도 외국환거래법은 외국환업무취급기관 및 기타전문외국환업무를 등록한 자에 대한 감독 및 감독상 필요한 명령 등은 금융위원회에 위탁하고(외국환거래법 제23조 제1항, 외국환거래법 시행령 제37조 제2항), 기획재정부 장관이 고시한 범위 내에서의 지급 또는 수령 방법의 신고 및 자본거래의 신고업무 처리 등은 한국은행총재에 위탁하고 있다(외국환거래법 제23조 제1항, 외국환거래법 시행령 제37조 제3항)

5) 관련 규정[4]

【외국환거래법; "법"】

제23조(권한의 위임·위탁 등) ① 기획재정부장관은 이 법에 따른 권한의 일부는 대통령령으로 정하는 바에 따라 금융위원회, 증권선물위원회, 관계 행정기관의 장, 한국은행총재, 금융감독원장, 외국환업무취급기관 등의 장, 그 밖에 대통령령으로 정하는 자에게 위임하거나 위탁할 수 있다.

【외국환거래법 시행령; "시행령"】

제37조(권한의 위임·위탁)

⑤ 법 제23조 제1항에 따라 다음 각호의 사항에 관한 기획재정부장관의 권한은 외국환업무취급기관의 장에게 위탁한다.

1. 법 제16조 제1호 또는 제3호에 따른 방법의 신고(기획재정부장관이 고시한 사항에 한정한다)

2. 법 제18조에 따른 자본거래의 신고(기획재정부장관이 고시하는 것에 한정한다)

3. 법 제19조에 따른 경고나 관련 외국환거래 또는 지급 또는 수령의 정지 또는 제한(「여신전문금융업법」에 따른 신용카드업자가 카드회원에 대하여 행하는 경우에 한정한다)과 같은 조 제3항에 따른 청문

4. 법 제20조 제1항에 따른 보고의 요구(이 항에 따라 위탁받은 사무를 처리하기 위한 경우로 한정한다)

⋮

⑦ 제1항부터 제5항까지의 규정에 따라 권한을 위임 또는 위탁받은 자는 위임 또는 위탁업무 처리기준을 정하려는 때에는 미리 기획재정부장관과 협의하여야 한다.

---

4 이하 이 책에서 별도 표기가 없는 한 외국환거래법은 "법"으로, 외국환거래법 시행령은 "시행령"으로, 외국환거래규정은 "규정"으로, 외국환거래업무취급지침은 "지침"으로 표기한다. 또한 2023. 7. 4. 자 외국환거래법 시행령 및 외국환거래규정 개정을 반영하여 개정사항이 있는 경우에는 "개정 전"과 "개정 후"로 표시하였고, 변경사항이 없는 경우에는 단순히 "규정" 등으로만 표시하였다. 다만, 2023년 7월 현재 외국환거래업무취급지침은 개정사항이 반영되기 전이므로 가장 최근 자인 2022. 1. 20. 현재 지침을 사용하였다.

제10-13조(위탁업무처리기준 및 절차 등)

① 영37조 제5항의 규정에 의하여 기획재정부장관의 권한의 일부를 위임받은 외국환은행은 위탁업무처리기준 및 절차 등(이하 "외국환거래업무취급지침"이라 한다)을 정할 수 있다.

② 제1항의 규정에 의한 위탁업무취급의 통일성을 기하기 위하여 하나의 외국환은행을 간사은행으로 지정할 수 있으며 전국은행연합회의 외국환전문위원회를 합의기구로 활용할 수 있다.

③ 제2항의 규정에 의한 간사 외국환은행의 장은 외국환거래업무취급지침을 기획재정부장관, 한국은행총재 및 금융감독원장에게 보고하여야 하며, 한국은행총재는 외국환은행 위탁업무의 적정한 수행을 위하여 필요하다고 인정되는 경우 기획재정부장관에게 그 내용을 변경하도록 건의할 수 있다.

제1장 총칙 / 제1절 목적

이 지침은 외국환거래법 제23조, 동법 시행령 제37조 제5항 및 제7항, 외국환거래규정(이하 '규정'이라 한다) 제10-13조에 의거 외국환은행의 장이 위탁받은 업무수행에 관하여 필요한 세부 업무처리의 기준 및 절차 등을 정함을 목적으로 한다.

문제는 외국환거래업무취급지침이 하부위임을 받은 사항은 외국환은행이 위탁받은 "업무의 세부적 처리기준과 절차 등"을 정하는 것임에도 불구하고, 동 지침에서 실질적인 규제의 내용이 구체화될 뿐만 아니라, 확장된다는 데 있다. 동 지침은 지침서식으로 여러 가지 다양한 서식을 정하고, 별표나 유의사항으로 추가로 제출할 서류를 정한다. 그런데 외국환거래법 제16조나 제17조, 제18조는 각 조에서 정한 행위를 하려는 경우 신고를 하도록 하고 있고, 동 신고를 하지 않고 거래를 한 경우 형벌 또는 벌금의 부과(법 제29조 제1항) 또는 과태료 부과(법 제32조 제1항) 처분의 대상이 된다. 이러한 규제의

확장이 가능한지에 대하여는 면밀한 검토가 필요할 것으로 생각된다.[5]

6) 외국환거래규정과 외국환거래업무취급지침을 통한 규제의 구체화

결론적으로 외국환거래법은 외국환거래법에서 기본적인 원칙만을 천명하고 있고, 실질적 규제는 기획재정부 고시인 외국환거래규정과 동 규정에서 하부위임한 외국환거래업무취급지침을 통하여 이루어진다. 이 책에서 다루고자 하는 해외직접투자 관련 규제도 역시 그러하다.

나. 입법목적에도 불구하고 규제 중심의 철학이 여전히 존재

외국환거래의 자유보장을 목적으로 하여 필요 최소한의 범위 내에서 제한을 하겠다는 외국환거래법의 입법취지에도 불구하고 외국환거래를 실질적으로 규율하는 외국환거래규정과 외국환거래업무취급지침을 보면 규제 중심적 철학이 여전히 존재함을 알 수 있다. 예를 들면 외국환거래법 제18조에서 간략하게 규정한 해외직접투자는 외국환거래규정 제9장에서 제9-1조(신고 등), 해외직접투자(제9-1조의2~9-15조의2), 국내기업 등 해외지사(제9-16조~9-25

---

5 예를 들면 해외직접투자와 관련하여 외국환거래업무취급지침은 "거래외국환은행의 지정은 투자사업별이 아닌 투자자별로 하되, 동일사업에 대한 투자자가 2인 이상인 경우에는 공동으로 신고할 수 있으며 이 경우 투자비율이 가장 많은 거주자(투자비율이 같은 경우 자본금 규모가 큰 거주자)의 지정거래외국환은행에 신고한다"고 하고 있다 (동 지침 제9장 제1절 제2관 항목 1/ 확인 및 유의사항 3번 및 4번). 이와 관련하여 첫째 지침에 의한 공동신고는 "할 수 있는" 사항이지 "하여야 하는" 사항은 아니고, 둘째 외국환거래법령이나 외국환거래규정 어디에도 공동신고사항을 정하고 있지 않음에도 불구하고 외국환거래법령에 의하여 과태료 부과 등의 권한을 위임받은 금융감독원은 공동신고를 하지 않은 것을 위규사례로 들고 있다(금융감독원, 외국환거래위반사례집, "2인 이상 공동으로 투자지분 10% 이상인데 각자 신고"2019. 11., p. 146.).

조), 외국기업 등의 국내지사(제9-32조~제9-43조) 등으로 상세하게 규정되어 있다. 이러한 외국환거래법령의 규제 중심적 태도는 다음을 통해서 더욱 명확해진다.

1) 포괄성

먼저 외국환거래법은 제1조 목적에서 정하는 "통화가치의 안정"과 관련되는 범위를 상당히 넓게 보고 있다. 예를 들면 외국환거래법은 비거주자와의 거래라 하더라도 원화가 개입된 거래는 외국환거래법의 적용대상으로 규정한다(외국환거래법 제3조 제1항 제16호 마목, 동법 시행령 제6조 제1호). 나아가 외국환거래법상 "자본거래"는 증권취득, 금전대여에서부터 부동산취득, 외국의 사무실 임대비용이나 집기구매대금 지급에 이르기까지 제반 거래를 의미하는 것으로 규정되어 있고(외국환거래법 제3조 제1항 제19호, 동법 시행령 제9조), 원칙적으로 신고 대상이다(외국환거래법 제18조 제1항, 동법 시행령 제32조). 이러한 규제 방식은 "통화가치 안정"과 관련된 거래행위를 매우 포괄적이고 광범위하게 보고 있다고 생각된다.[6]

2) 행위자별·행위별 신고 또는 보고 원칙

외국환거래법상 자본거래는 기본적으로 신고사항이고(외국환거래법 제18조 제1항, 동법 시행령 제32조), 소액자본거래나 경미한 사항 등 예외적인 경우에만 사후보고를 하거나 신고하지 않을 수 있다(외국환거래법 제18조 제1항 단서, 동법 시행령 제32조 제2항).

---

6 그러나 이러한 입장에 대하여는 비판의 소리도 있다. 예를 들면 비거주자 간 원화거래는 일단 우리나라의 관할권이 미치지 않는 국외에서 일어나는 것으로 집행력이 미치기 어렵다. 신고 대상임에도 신고를 누락한 경우에도 신고 의무를 강제할 수단도 없다(온주 편집위원회 편저, 집필대표 이금호, 온주 외국환거래법, 제18조(자본거래의 신고 등) 단락 43번).

이러한 신고는 행위자에 따라, 행위에 따라 개별적으로 행해져야 한다. 따라서 예를 들면 거주자 A가 자신이 소유하는 해외법인의 지분 15%를 거주자 B에게 매각하는 경우 2023. 7. 4. 외국환거래규정 개정 전에는 거주자 A도 지분매도 관련 보고를 하여야 하고(이 경우 기신고한 해외직접투자에 대한 "변경보고"; 개정 전 외국환거래규정 제9-5조 제2항), 거주자 B도 지분매수 관련 신고를 하여야 하였다(이 경우는 해외직접투자에 대한 "신규신고"; 개정 전 외국환거래규정 제9-5조 제1항). 2023. 7. 4. 이후부터는 개정 후 외국환거래규정에 따라 거주자 A와 거주자 B 각자 사후보고를 하여야 한다(개정 후 외국환거래규정 제9-5조 제2항 제1호, 제9-9조 제1항 제9호).

다. 처벌도 개별 행위를 기준으로 산정

해외직접투자 신고를 포함한 외국환거래 관련 의무는 각 행위자별 및 행위별로 경고, 업무정지, 과태료, 벌칙 등 처벌 대상이 된다. 이에 대하여는 「Ⅶ. 해외직접투자 위반행위에 대한 처벌」 관련 부분을 참고한다.

4. 외국환거래법령 개정

앞에서 살펴본 바와 같이 해외직접투자를 포함, 외국환거래 관련 규율은 규제 중심적 태도를 벗어나지 못하고 있는 게 현실이다. 정부도 이러한 규제 중심적 태도의 문제를 인식하고 이를 탈피하기 위하여 2023. 7. 4. 자로 외국환거래법 시행령 및 외국환거래규정을 개정하였다. 동 개정과 관련하여 이하에서는 이 책에서 다루고자 하는 해외직접투자와 관련한 사항만을 살펴보기로 한다. 이 책에서 개정 전 규정과 개정 후 규정이 상이한 경우에는 "개정 전" 또는 "개정 후" 등으로 별도로 표시하였고, 개정사항이 없는 경우에는 "규정"으로만 표시하였다.

가. 외국환거래법 시행령과 외국환거래규정 개정이유

1) 외국환거래법 시행령 개정이유

2023. 7. 4. 자 대통령령 제33616호로 개정·시행된 외국환거래법 시행령은 다음과 같이 개정이유를 밝히고 있다. 즉, 「외국환거래법」 제정(1999년) 이후 외환거래 수요가 양적·질적으로 확대된 상황에서 원칙적 사전신고 제도

운영, 엄격한 제재규정, 복잡한 거래절차 등이 국민·기업·금융기관의 일상적 외환거래 부담 요인으로 작성하고 있어 경제성장 및 환경 변화에 맞추어 국민·기업·금융기관의 일상적 외환거래에 대한 부담을 최소화하기 위하여 대통령령 일부 조문을 개정하고자 한다는 것이다.

2) 해외직접투자 관련 외국환거래규정 개정이유

2023. 7. 4. 자 기획재정부 고시 제2023-26호로 개정·시행된 외국환거래규정은 개정이유를 "국경 간 자본이동이 없어 대외건전성 유지와 직접 관련이 없는 보고 의무도 존재하고, 사후관리 절차도 복잡하기 때문에 해외직접투자 수시보고 제도를 매년 1회 정기보고로 통합하고 내용도 대폭 간소화하여 해외직접투자 불편을 해소한다"라고 밝히고 있다.

나. 해외직접투자 관련 개정사항

1) 해외직접투자 사전신고 이전 선지급 해외송금액 상향

해외직접투자 사전신고 이전에 선지급할 수 있는 해외송금액을 미화 1만불에서 미화 5만불로 상향하였다(개정 후 외국환거래규정 제9-1조 제2항).

2) 거주자 간 해외직접투자 지분 양·수도시 양도인과 양수인 모두 사후보고 대상으로 전환

개정 전 외국환거래규정은 거주자 간 해외직접투자 지분 양도·양수의 경우 양도인은 이에 대한 사후보고를, 양수인은 사전신고를 하도록 하였다. 그러나 개정 외국환거래규정은 거주자 간 해외직접투자 주식 또는 지분의 양·수도는 국경 간 자금이동 효과가 없어 모니터링 필요성이 상대적으로 적다고 보아 양수인의 사전신고 의무를 면제하고 양도인과 같이 사후보고 대상으로 전환하였다(개정 후 외국환거래규정 제9-5조 제2항 제1호).

3) 사후보고 기간 연장

동시에 해외직접투자 변경보고 기간을 다음과 같이 완화하였다.

가) 신고 예외대상 사후보고 기간 연장

거주자 간 해외직접투자 지분 양도·양수, 기투자한 외국법인이 자체이익유보금 또는 자본잉여금으로 증액투자하는 경우 또는 누적 투자금액 미화 50만불 이내에서의 투자 시 사후보고 기간을 기존 1개월에서 3개월로 연장하였다(개정 후 외국환거래규정 제9-5조 제2항).

나) 변경보고 의무 기간 연장

기신고한 해외직접투자의 내용변경사항 시 사후보고 기간을 기존 변경사항 발생 후 3개월 이내에서 변경사항 발생 당해 회계연도 종료 후 5월 이내로 대폭 연장하였다(개정 후 외국환거래규정 제9-9조 제1항 제8호).

4) 해외직접투자 시 제출서류 부담 경감

주식 취득을 통한 해외직접투자의 경우 제출서류로 공인회계사법에 의한 회계법인의 주식평가 관련 의견서가 필요하였으나, 소규모 투자이거나 투자대상국의 인프라가 후진적인 경우 해외직접투자 법인에 대한 「공인회계사법」에 의한 회계법인의 주식평가가 쉽지 않은 상황이 발생하였다. 이 경우 주식평가 의견서 제출이 요식화되고 있어 이를 면제, 서류 제출 의무를 경감하였다(개정 후 외국환거래규정 제9-5조 제3항 제3호).

5) 벌칙기준 완화

해외직접투자 신고 관련 1년 이하의 징역 또는 1억원 이하의 벌금을 부과하는 위반금액 기준을 기존 10억원에서 20억원으로 상향하였다(외국환거래법 제29조 제1항 제3호; 동법 시행령 제40조 제1항 제2호). 또한 해외직접투자 사후관리로 자료 제출 의무(예를 들면 외화증권취득보고, 연간사업실적보고, 청산보고 등과 같은 규정 제9-9조에 의한 사후관리 의무를 말한다) 위반 시 과태료 금액을 기존 건당 700만원에서 건당 200만원으로 하향하였다(외국환거래법 제20조 제1항, 동법 제32조 제4항 제4호, 외국환거래법 시행령 제41조 및 별표 4 제2호 너목).

다. 규제 완화에도 불구하고 처벌은 행위 시 기준에 의함

상기와 같은 외국환거래법 시행령 개정에도 불구하고 개정 시행령 전 위반행위에 대하여 행정처분, 벌칙 및 과태료를 적용할 때에는 종전의 규정에 따른다(대통령령 제33616호 외국환거래법 시행령 부칙 제2조 및 제3호). 즉, 해외직접투자 관련 신고나 보고 의무 위반 여부는 행위 시를 기준으로 판단한다(아래 대법원 2012. 4. 26. 선고 2011도17639 판결). 이 책에서는 개정 전 외국환거래법령에 의한 실무사항을 다루고, 시행령 개정에 따른 실무의 변화를 함께 다룬다.

> **【대법원 2012. 4. 26. 선고 2011도17639 판결】**
>
> 미신고 자본거래 행위를 처벌하는 외국환거래법령의 형이 가볍게 개정되면서 형사처벌의 대상이 모든 미신고행위에서 미신고금액 10억원을 초과하는 행위로, 다시 미신고금액 50억원을 초과하는 행위로 변경된 사안에서 위와 같은 법규개정은 법률이념의 변경이 아니라 다만 사정의 변천에 따라 그때그때의 특수한 필요에 대처하기 위하여 법령이 개폐된 경우로서 형법 제1조 제2항(범죄 후 법률의 변경에 의하여 그 행위가 범죄를 구성하지 아니하거나 형이 구법보다 경한 때에는 신법에 의한다)이 적용되지 않는다.

라. 개정 외국환거래규정의 적용시기와 관련된 문제점

금번 개정 외국환거래규정은 개정 규정의 시행시기에 대하여 아무런 규정을 두고 있지 않다. 이 경우 개정 규정의 취지는 개정 규정의 시행일인 2023. 7. 4. 자부터 전면적으로 개정 규정을 적용하겠다는 것일 것이다. 그러나 가령 금번 개정된 규정의 내용 중의 하나인 해외직접투자 내용변경(예를 들면 해외 현지법인의 자회사 또는 손자회사 투자금 변경 등과 같은)과 같이 개정 규정 시행일 이전에 변경사유가 발생하였으나 보고시한인 변경사유 발생일로부터 3개월이 경과하기 전인 경우, 변경사유 보고의 기준일을 종전의 규정에 따라 변경사유 발생일로부터 3개월이 되는 때로 볼 것인지 아니면 금번 개정 규정 전면 시행에 따라 변경사항 발생 당해 회계연도 종료 후 5월 이내로 볼 것인지 등에 관한 의문이 있을 수 있다. 이러한 경우 금번 외국환거래법 시행령 부칙상의 "개정 시행령 전 위반행위"에 해당하지 않기 때문이다. 기존에 외국환거래규정 개정 시 다음과 같이 부칙으로 경과규정을 두어 개정 규정의 적용시

기를 명확히 하였으면 좋았을 것으로 생각한다.[7]

【2017. 12. 28. 자 기획재정부 고시 제2017-40호로 개정된 외국환거래규정 부칙】

제2조(해외직접투자 변경사항 보고에 대한 적용례) 제9-5조 제2항, 제9-15조의2 제3항 및 제4항의 개정 규정은 이 규정 시행 후 변경사유가 발생한 자부터 적용한다.

---

[7] 이외에도 금번 규정 개정 시 기존 제9-5조 제1항 단서에 있었던 누적 투자금액 미화 50만불 규정이 개정 후 제9-5조 제2항 제3호로 변경되었음에도 불구하고, 제9-5조 제4항은 기존과 같이 "제1항 단서에 따른 누적 투자금액이 미화 50만불 이내에서의 투자의 경우에는 … 사전에 송금할 수 있다"라고 두어 규정의 정합성에도 문제가 있는 것으로 생각한다.

5. 해외직접투자 관련 외국환 관련 법규

우리가 이 책에서 다루고자 하는 것은 외국환거래 중에서도 "해외직접투자", 그중에서도 외국법인에 대한 주식 또는 지분의 취득이나 해외직접투자를 한 외국법인에 대한 1년 이상의 금전대여를 통한 해외직접투자이다. 이와 관련한 해외직접투자는 ⅰ) 외국환거래법(제18조) 및 동법 시행령(제32조), ⅱ) 외국환거래규정(제9장 제1절 제9-1조의2~9-15조의2), ⅲ) 외국환거래업무취급지침(제9장 제1절)에 의하여 규율된다. 이하 자세히 살펴보기로 한다.

II
외국환거래법상
해외직접투자 정의와 유형

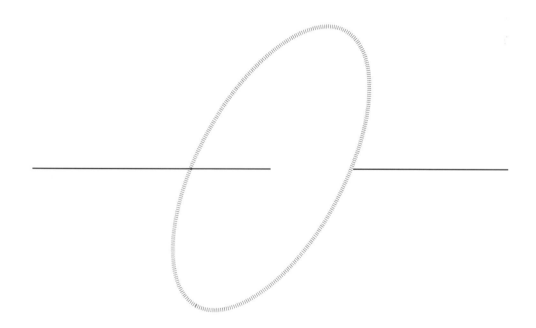

1. 해외직접투자의 정의

외국환거래법상 해외직접투자는 크게 ⅰ) 외국법인의 '증권취득'(지분투자) 또는 외국법인 앞 '금전대여'(대부투자)를 통해 외국법인과 지속적 경제관계를 맺는 행위(외국환거래법 제3조 제1항 제18호 가목, 외국환거래법 시행령 제8조 제1항)와 ⅱ) 외국에 영업소를 설치, 확장, 운영하거나 해외사업활동을 하기 위하여 자금을 지급하는 행위로 나뉜다(외국환거래법 제3조 제1항 18호 나목, 외국환거래법 시행령 제8조 제2항). 이 책에서는 통상 일어나는 해외법인에 대한 지분투자 또는 대부투자 방식의 해외직접투자만을 다룬다.

가. 관련 규정

【법】

제3조(정의) ① 이 법에서 사용하는 용어의 뜻은 다음과 같다.
:
18. "해외직접투자"란 거주자가 하는 다음 각 목의 어느 하나에 해당하는 거래·행위 또는 지급을 말한다.

　　가. 외국법령에 따라 설립된 법인(설립 중인 법인을 포함한다)이 발행한 증권을 취득하거나 그 법인에 대한 금전의 대여 등을 통하여 그 법인과 지속적인 경제관계를 맺기 위하여 하는 거래 또는 행위로서 대통령령으로 정하는 것

　　나. 외국에서 영업소를 설치·확장·운영하거나 해외사업활동을 하기 위하여 자금을 지급하는 행위로서 대통령령으로 정하는 것

【시행령】

제8조(해외직접투자) ① 법 제3조 제1항 제18호 가목에서 "대통령령으로 정하는 것"이란 다음 각호의 것을 말한다.

1. 외국 법령에 따라 설립된 법인(설립 중인 법인을 포함한다. 이하 "외국법인"이라 한다)의 경영에 참가하기 위하여 취득한 주식 또는 출자지분이 해당 외국법인의 발행주식총수 또는 출자 총액에서 차지하는 비율(주식 또는 출자지분을 공동으로 취득하는 경우에는 그 주식 또는 출자지분 전체의 비율을 말한다. 이하 이 항에서 "투자비율"이라 한다)이 100분의 10 이상인 투자

2. 투자비율이 100분의 10 미만인 경우로서 해당 외국법인과 다음 각 목의 어느 하나에 해당하는 관계를 수립하는 것

   가. 임원의 파견

   나. 계약기간이 1년 이상인 원자재 또는 제품의 매매계약의 체결

   다. 기술의 제공·도입 또는 공동연구개발계약의 체결

   라. 해외건설 및 산업설비공사를 수주하는 계약의 체결

3. 제1호 또는 제2호에 따라 이미 투자한 외국법인의 주식 또는 출자지분을 추가로 취득하는 것

4. 제1호부터 제3호까지의 규정에 따라 외국법인에 투자한 거주자가 해당 외국법인에 대하여 상환기간을 1년 이상으로 하여 금전을 대여하는 것

② 법 제3조 제1항 제18호 나목에서 "대통령령으로 정하는 것"이란 다음 각호의 자금을 지급하는 것을 말한다.

1. 지점 또는 사무소의 설치비 및 영업기금

2. 거주자가 외국에서 법인 형태가 아닌 기업을 설치·운영하기 위한 자금

3. 「해외자원개발 사업법」 제2조에 따른 해외자원개발사업 또는 사회간접자본개발사업을 위한 자금. 다만, 해외자원개발을 위한 조사자금 및 해외자원의 구매자금은 제외한다.

2. 외국법인에 대한 지분투자 또는 대부투자를 통한 해외직접투자

외국환거래법상 해외직접투자는 주식·채권과 같은 자본시장에 투자하는 것이 아니라 회사 경영에 참여하는 행위를 하는 것이다. 즉, 해외직접투자에 해당하기 위해서는 단순히 해외에서 자산을 운용하는 것이 아니고 외국법인과 "지속적 경제관계를 맺는 행위"를 하여야 하는데, 이러한 행위의 대표적인 방법은 '증권취득'(지분투자) 또는 지분투자를 한 법인에 대한 1년 이상의 '금전대여'(대부투자)이다.

가. 증권의 취득을 통한 해외직접투자(지분투자)

1) 투자비율이 10% 이상인 때

외국환거래법은 외국법인에 대한 투자비율이 10% 이상인 경우에는 추가적인 행위가 없어도 곧바로 해외직접투자에 해당하는 것으로 본다(외국환거래법 제3조 제1항 제18호 가목, 외국환거래법 시행령 제8조 제1항 제1호). 이때 투자비율이란 "외국법인의 경영에 참가하기 위하여" 취득한 주식 또는 출자지분이 해당 외국법인의 발행주식총수 또는 출자총액에서 차지하는 비율(주식 또는 출자지분을 공통으로 취득하는 경우에는 그 주식 또는 출사지분 전체의 비율)을 말한다. 따라서 경영에 참가할 수 없는 지분(예: 우선주 등)만을 취득하는 경우에는 해외직접투자에 해당하지 않는다(지침 제9장 제1절 제1관 〈공통확인 및 유의사항〉 11번).

2) 투자비율이 10% 미만인 때

투자비율이 10% 미만인 경우에는 지속적 경제관계를 맺는 것으로 볼 수 있는 다음의 행위를 한 때에만 해외직접투자에 해당한다. 즉, ⅰ) 임원파견, ⅱ) 계약기간이 1년 이상인 원자재 또는 제품 매매계약 체결, ⅲ) 기술 제공·도입 또는 공동연구개발계약 체결, ⅳ) 해외건설 및 산업설비공사 수주계약 체결이 그것이다(외국환거래법 제3조 제1항 제18호 가목, 외국환거래법 시행령 제8조 제1항 제2호).

3) 이미 지분투자한 외국법인의 주식(출자지분) 추가취득

또한 일단 10% 이상의 지분을 취득했거나, 10% 미만의 지분을 취득하였으나 지속적 경제관계를 맺는 행위를 한 외국법인에 대하여 주식이나 출자지분을 추가취득하는 것도 해외직접투자에 해당한다(외국환거래법 제3조 제1항 제18호 가목, 외국환거래법 시행령 제8조 제1항 제3호).

4) 기취득 증권의 처분도 해외직접투자에 해당하는지 여부

이와 관련하여 판례는 기취득 증권을 '처분'하는 것은 해외직접투자에 해당하지 않는다고 판시하였다(대법원 2017. 6. 15. 선고 2016도9991).

대법원은 이와 같이 판시한 이유를 명문의 규정에서 찾고 있다. 먼저 구 외국환거래법(2016. 3. 2. 법률 제14047호로 개정되기 전의 것) 제3조 제1항 제81호는 외국법령에 따라 설립된 법인이 발행한 증권의 '취득'만을 해외직접투자로 정의하고 있을 뿐 취득한 증권의 '처분'을 해외직접투자의 개념에 포함하지 않고 있다. 다음으로 같은 항 제18호 나목도 증권 또는 이에 관한 권리의 '취득'만을 자본거래로 정의하고 있을 뿐 취득한 증권 또는 이에 관한 권리의 '처분'을 자본거래의 개념에 포함하지 않고 있다. 그 밖에 자본거래의 개념에 관한 구 외국환거래법의 규정 또는 그 위임에 따른 구 외국환거래법 시행령(2012.12.12. 대통령령 제24225호로 개정되기 전의 것)의 규정을 보더라도 증권의 '취득행위'가 아닌 '취득한 증권의 처분행위'가 해외직접투자 또는 자본거래의 개념에 포함된다고 할 수 없다. 대법원은 이러한 해석은 이미 취득한 증권을 처분하는 행위도 그 실질이 자본에 관한 거래에 해당하고 국민경제에 미치는 영향이 증권의 취득행위가 다를 바 없어 이에 대하여도 신고 의무를 부과할 현실적 필요가 없다고 해도 마찬가지라고 하였다.

이러한 관점에서 대법원은 구 외국환거래규정 제9-5조 제2항이 '거주자가 제1항의 규정에 의하여 신고한 내용을 변경하고자 하는 경우 당해 신고기관의 장에게 변경신고를 하여야 한다'라고 규정하였어도 위임법령인 구 외국환거래법과 동법 시행령의 해석상 자본거래 또는 해외직접투자가 아닌 행위에 대하여 행정기관 고시로 신고 의무를 새로이 부과하여 그 위반행위를 형사처벌할 수는 없으므로 동 고시 제9-5조 제2항을 신고에 따라 외국법인의 증권 등을 취득한 이후 증권을 처분하는 경우에까지 신고 의무를 부과하는 규정으로 해석할 수는 없다고 하였다.[8]

---

8 이러한 대법원의 판단은 구 외국환거래규정 제9-5조 제2항이 '기신고한 해외직접투자의 내용변경'을 '신고의 대상'으로 규정하였음에도 이러한 내용변경에 해당하는 '기투자한 해외직접투자 주식의 처분'에 대한 신고 누락을 위반행위로 보아 형사처벌할 수 없다고 한 데 그 의의가 있다. 이러한 판례의 취지를 반영하여 외국환거래규정은 기신고한 해외직접투자의 내용변경을 '보고 대상'으로 한 것으로 생각한다(개정 전 규정 제9-5조 제2항, 개정 후 규정 제9-3조 제1항 제8호). 외국환거래법이나 동법 시행령의 위임범위를 초과하여 하부위임규정인 외국환거래규정이나 재하부위임규정인 외국환거래업무취급지침을 통하여 신고의 대상 등을 확대하고 위반 시 처벌하는 행위는 할 수 없다는 동 판례의 의미는 여전히 견지되어야 할 것이다.

나. 금전대여를 통한 해외직접투자(대부투자)

지분투자를 한 외국법인(10% 이상의 지분을 취득했거나, 10% 미만의 지분취득이나 지속적 경제관계를 맺는 행위를 한 외국법인, 또는 주식이나 출자지분을 추가취득한 외국법인)에 대하여 장기(1년 이상)로 금전을 대여하는 것도 해외직접투자에 해당한다 (외국환거래법 제3조 제1항 제18호 가목, 외국환거래법 시행령 제8조 제1항 제4호).

금전대여가 "장기"인지 여부의 기준은 "1년"이므로 지분투자를 한 외국법인 앞 단기(1년 미만)의 금전대여는 해외직접투자가 아닌 거주자의 비거주자에 대한 금전대차계약에 해당한다. 주의하여야 할 점은 당초 1년 미만의 대출을 하였더라도 기한연장으로 만기가 1년 이상으로 된 경우에는 해외직접투자에 해당하므로 해외직접투자 신고를 하여야 한다는 것이다. 따라서 이 경우 금전대차 신고를 하였더라도 해외직접투자 신고를 하지 않으면 외국환거래법 위반에 해당한다.

【외국환거래 위반사례 ①】

○ 위규사례 31번: 금전대차 만기가 1년 미만에서 1년 이상으로 연장된 경우 신고 누락

- 위규내역: 거주자 ㈜○○○은 지정거래외국환은행장 앞 금전대차 신고 후 해외직접투자한 베트남 소재 현지법인 ***에 대출(대여)기간을 10개월로 하여 130만 달러를 대출함. 이후 대출기간을 5년으로 연장하였는데도 지정거래외국환은행장에게 해외직접투자(대부투자) 신고를 하지 않음
- 유의사항: 해외직접투자한 거주자가 해당 외국법인과 체결한 금전대차계약의 상환기간이 1년 이상으로 연장된 경우 금전대차에 관한 신고를 하였더라도 외국환은행장에게 해외직접투자(대부투자) 신고를 하여야 함
- 은행은 금전대차계약 상환기간을 1년 이상으로 연장 시 해외직접투자 신고 대상이 될 수 있음을 충분히 안내

(금융감독원, 외국환거래위반사례집, 2019. 11., p. 120)

상기 사항을 정리하면 다음과 같다.

【해외직접투자의 유형】

유형			근거	신고기관
해외직접투자	지분투자	① 거주자가 거주자/비거주자로부터 외국법인의 증권취득 & 지분율 10% 이상	규정 제9장 제1절	지정거래 외국환은행
		② 거주자가 비거주자로부터 외국법인의 증권취득 & 지분율 10% 미만 & 경영참가행위 有	규정 제9장 제1절	지정거래 외국환은행
		③ ①, ② 지분투자 비거주자에 대한 지분 추가취득	규정 제9장 제1절	지정거래 외국환은행
	대부투자	① 거주자가 비거주자의 지분 10% 이상 보유 & 대여기간 1년 이상	규정 제9장 제1절	지정거래 외국환은행
		② 거주자가 비거주자의 지분 10% 미만 보유 & 경영참가행위 有 & 대여기간 1년 이상	규정 제9장 제1절	지정거래 외국환은행

Ⅲ
해외직접투자의
최초신고

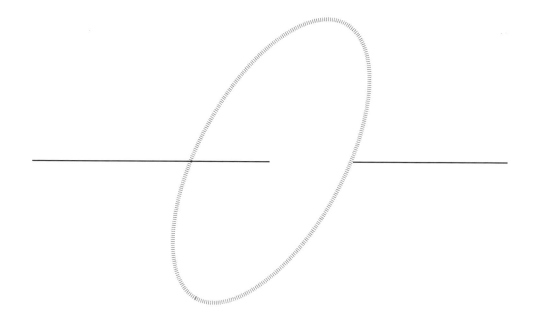

1. 해외직접투자를 위한 거래외국환은행 지정

외국법인에 대한 지분투자 또는 대부투자를 통한 해외직접투자는 먼저 거래외국환은행 지정 → 해외직접투자 사전신고 → 기투자 내역의 변경보고(변경이 있는 경우) → 사후관리 → 해외직접투자 청산 및 청산보고로 크게 과정을 나누어 볼 수 있다. 다만 해외직접투자의 양태에 따라 하나의 행위로 신규신고와 변경보고가 같이 발생할 수 있는데 이 경우 행위자별 및 행위별 신고과정이 필요하다는 점에 주의하여야 한다(예를 들면 대부투자금의 출자전환 시 지분 신규취득에 따른 신규신고 의무와 기존 대부금의 주식 전환에 따른 변경보고 의무가 동시에 발생한다).

가. 거래외국환은행의 지정

금융기관이 아닌 거주자가 해외직접투자(증액투자 포함)를 하고자 하는 경우에는 외국환거래규정에서 정하는 바에 따라 거래외국환은행을 지정하고(규정 제10-11조 제1항 제18호), 규정에 따라 정하여진 지정거래 외국환은행 앞 해외직접투자를 신고하여야 한다(규정 제9-5조 제1항, 지침 제9장 제1절 제1관 〈공통확인 및 유의사항〉 3번).

1) 관련 규정

【규정】

제10장 보칙

제10-11조(거래외국환은행 지정 등)

① 다음 각호의 1에 해당하는 거래당사자는 외국환거래의 신고 등 및 사후관리를 위하여 거래외국환은행을 지정하여야 한다.

:

18. 제-5조 제1항 및 제2항의 규정에 의하여 해외직접투자를 하고자 하는 자

【지침】

제1장 총칙 제10절 지정거래외국환은행의 지정확인업무 처리절차 등

1. 신규지정

가. 지정확인 신청

거래외국환은행을 지정하고자 하는 자는 규정 제10-11조에 의거 외국환거래의 신고 등 및 사후관리를 위하여 거래외국환은행지정(변경)신청서(지침서식 제1-2호)를 거래하고자 하는 외국환은행에 제출하여야 하며, 합산하여 회계처리하는 출장소는 모점 명의로 이를 처리하여야 하며 한도관리를 위해 모점을 거래외국환은행으로 지정하여야 한다.

나. 지정확인번호 부여

당해 외국환은행의 장은 당해 거래자의 지정확인번호를 이 절 제3호에 의거 부여하여야 한다.

다. 실명확인증표 원본에 의하여 거래외국환은행지정(변경)신청서에 실명확인필을 날인한 경우에는 거래외국환은행 지정시에 실명확인증표 사본을 보관하지 아니할 수 있음(단, 비대면으로 신청하는 경우에는 본인확인으로 실명확인을 갈음할 수 있음)

나. 거래외국환은행의 지정 기준

    해외직접투자 신고를 위한 지정거래외국환은행은 주채무계열 소속기업체인 경우에는 당해 기업의 주채권은행이 되고, 주채무계열 소속기업체가 아닌 경우에는 여신최다은행이 되며, 이 둘 다에 속하지 않는 경우에는 거주자가 지정하는 은행이 된다.

1) 관련 규정

【개정 전 규정】

제9장 직접투자 및 부동산 취득 / 제2관 금융기관을 제외한 거주자의 해외직접투자

제9-5조(해외직접투자의 신고 등)
① 거주자 … 가 해외직접투자(증액투자 포함)를 하고자 하는 경우 또는 거주자가 해외직접투자를 한 거주자로부터 당해 주식 또는 지분을 양수받아 해외직접투자를 하고자 하는 경우에는 다음 각호의 1에서 정하는 외국환은행의 장에게 신고하여야 한다.
1. 주채무계열 소속기업체인 경우에는 당해 기업의 주채권은행
2. 거주자가 주채무계열 소속기업체가 아닌 경우에는 여신최다은행
3. 제1호 내지 제2호에 해당하지 않는 거주자의 경우 거주자가 지정하는 은행

【개정 후 규정】

제9장 직접투자 및 부동산 취득 / 제2관 금융기관을 제외한 거주자의 해외직접투자

제9-5조(해외직접투자의 신고 등)
① 거주자 … 가 해외직접투자(증액투자 포함)를 하고자 하는 경우 다음 각호의 1에서 정하는 외국환은행의 장에게 신고하여야 한다.
<이하 개정 전 규정과 동일>

여신최다은행을 정함에 있어 "여신"이란 대출금, 외화대출금, 내국수입유
산스, 지급보증대지급금, 지급보증을 말하며 여신최다은행은 「신용정보관
리규약」 제2장에 의하여 집중된 여신규모(한도기준)가 최다인 은행이 된다. 또
한 여신최다은행은 거주자의 최초투자 시 여신이 최다인 은행을 말하는 것
으로 해외직접투자 신고 후 여신최다은행이 변경될 경우에도 최초 지정한
은행에서 계속 신고한다. 다만, 거주자가 거래외국환은행을 변경하고자 하
는 경우에는 변경 가능하다(지침 제9장 제1절 제1관 <공통확인 및 유의사항> 3번).

또한 거래외국환은행의 지정은 투자사업별이 아닌 투자자별로 하는 것이
원칙이다. 다만, 동일사업에 대한 투자자가 2인 이상인 경우에는 공동으로
신고할 수 있으며 이 경우 투자비율이 가장 많은 거주자(투자비율이 같은 경우
자본금 규모가 큰 거주자)의 지정거래외국환은행에 신고하여야 한다. 투자자 각
각의 투자비율이 10% 미만인 경우에는 동일한 지정거래외국환은행을 통하
여 신고하고, 신고서는 투자자별로 작성하여야 한다(지침 제9장 제1절 제2관 항
목 1 <확인 및 유의사항> 3번 및 4번).

다. 지정거래외국환은행 지정신청서 양식과 작성방법

    외국환거래 관련 규정과 지침은 외국환거래 신고 등과 관련하여 여러 가지 서식을 정하고 있다. 지침은 규정에서 정한 서식은 "규정서식"으로, 지침에서 정한 서식을 "지침서식"으로 칭하고 있다.

    해외직접투자를 위한 거래외국환은행 지정 신청서는 지침서식 제1-2호로 정하여져 있다. 양식은 다음과 같으며, 해외직접투자를 하기 위하여 거래외국환은행을 지정하는 경우 거래항목 59번, 해외직접투자를 하고자 하는 자 (제9-5조)에 체크한다.

거래외국환은행 지정(변경) 신청서

지정인 성명(상호):　　　　　(인)　　　　주민등록번호(사업자등록번호):
　　　주소:　　　　　　　　　　　　　　　전화번호:
대리인 성명:　　　　　　　(인)　　　　주민등록번호(사업자등록번호):
　　　주소:　　　　　　　　　　　　　　　전화번호:
(해외교포어신취급국외금융기관명:　　　　　　　　　　　　　　　)

아래 항목에 대하여 귀행을 거래 외국환은행으로 지정(변경)하고자 하오니 확인하여 주시기 바랍니다.

거래항목	거래항목
( ) 1. 거주자의 지급증빙서류 미제출 지급(연간 미화 5만불 이내 자본거래 신고예외 포함) (제4-3조 제1항 제1호, 제7-2조 제8호) - 금년 중 송금누계액(변경전 거래외국환 행의 확인): US$	( ) 57. 해외교포 등에 대한 여신 관련 원리금 상환 보증, 담보제공 등(제7-18조 제3항) ( ) 59. 해외직접투자를 하고자 하는 자(제9-5조) ( ) 61. 거주자의 해외예금(제7-11조 제2항)
( ) 2. 해외체재비(제4-5조 제2항)	( ) 62. 비거주자의 국내증권 발행 (제7장 제5절 제2관)
( ) 8. 외국인 또는 비거주자의 국내보수, 소득 또 는 연금 등의 금액 지급 및 연간 미화 5만불 이하의 지급(제4-4조 제1항 제3호, 제2항)	( ) 63. 재외동포 국내재산반출(제4-7조) ( ) 71. 거주자의 외화자금(외국인 투자기업의 단 기 외화자금 포함) 차입 및 처분(제7-14조)
( ) 9. 거주자 등의 대북투자 (재경원고시 1995-23. 95.6.28)	( ) 72. 북한에 관광비용을 지급할 관광사업자 (재경부 고시 외관 41271-270.98.11.12)
( ) 13. 현지금융을 받고자 하는 자 등(제8-2조)	( ) 75. 해외이주비(제4-6조)
( ) 14. 해외지사 설치, 영업기금, 설치비, 유지활 동비 지급 및 사후관리(제9장제2절)	( ) 76. 거주자의 자금통합관리(제7-2조)
( ) 16. 환전영업자(제3-2조 제4항)	( ) 77. 거주자의 원화자금 차입 및 처분(제7-15조)
( ) 32. 국내지사의 설치 영업자금 도입 및 영업 수익 대외송금(제9장 제3절)	( ) 78. 거주자의 해외 부동산의 취득 및 매각 (제9-39조 제2항)
( ) 33. 상호계산 실시업체(제5-5조)	( ) 79. 거주자의 연간 미화 5만불 이하 자본거래 영수(제7-2조 제9호)
( ) 53. 거주자의 외화증권발행(제7-22조 제2항)	

변경전 지정거래외국환은행의 경유확인:		은행　　장(인)
위 신청을 지정(변경지정) 확인함 　　　　은행부(점)장(인)	지정확인번호	
	지정일자	20 .

1) 작성례

이 책에서 우리는 ㈜리오라는 회사가 여러 형태로 해외직접투자를 하는 것을 상정해서 필요서류의 작성사례를 검토할 것이다. 아래는 ㈜리오의 거래외국환은행 지정신청서 작성례이다.

<지침서식 제1-2호>

거래외국환은행 지정(변경) 신청서

지정인 성명(상호): (주)리오 　　(인)　　　주민등록번호(사업자등록번호): 123-45-67890
　　　주소: 서울시 강남구 영동대로 517　　전화번호: 02-123-5467
대리인 성명: 　　　　　　(인)　　　　주민등록번호(사업자등록번호):
　　　주소:　　　　　　　　　　　　　전화번호:
(해외교포여신취급국외금융기관명:　　　　　　　　　　　　　　)

아래 항목에 대하여 귀행을 거래 외국환은행으로 지정(변경)하고자 하오니 확인하여 주시기 바랍니다.

거래항목	거래항목
( ) 1. 거주자의 지급증빙서류 미제출 지급(연간 미화 5만불 이내 자본거래 신고예외 포함) (제4-3조 제1항 제1호, 제7-2조 제8호) - 금년 중 송금누계액(변경전 거래외국환 행의 확인): US$	( ) 57. 해외교포 등에 대한 여신 관련 원리금 상환 보증, 담보제공 등(제7-18조 제3항)
	(○) 59. 해외직접투자를 하고자 하는 자(제9-5조)
	( ) 61. 거주자의 해외예금(제7-11조 제2항)
	( ) 62. 비거주자의 국내증권 발행 (제7장 제5절 제2관)
( ) 2. 해외체재비(제4-5조 제2항)	( ) 63. 재외동포 국내재산반출(제4-7조)
( ) 8. 외국인 또는 비거주자의 국내보수, 소득 또 는 연금 등의 금액 지급 및 연간 미화 5만불 이하의 지급(제4-4조 제1항 제3호, 제2항)	( ) 71. 거주자의 외화자금(외국인 투자기업의 단 기 외화자금 포함) 차입 및 처분(제7-14조)
( ) 9. 거주자 등의 대북투자 (재경원고시 1995-23. 95.6.28)	( ) 72. 북한에 관광비용을 지급할 관광사업자 (재경부 고시 외관 41271-270. 98.11.12)
( ) 13. 현지금융을 받고자 하는 자 등(제8-2조)	( ) 75. 해외이주비(제4-6조)
( ) 14. 해외지사 설치, 영업기금, 설치비, 유지활 동비 지급 및 사후관리(제9장제2절)	( ) 76. 거주자의 자금통합관리(제7-2조)
( ) 16. 환전영업자(제3-2조 제4항)	( ) 77. 거주자의 원화자금 차입 및 처분(제7-15조)
( ) 32. 국내지사의 설치 영업자금 도입 및 영업 수익 대외송금(제9장 제3절)	( ) 78. 거주자의 해외 부동산의 취득 및 매각 (제9-39조 제2항)
( ) 33. 상호계산 실시업체(제5-5조)	( ) 79. 거주자의 연간 미화 5만불 이하 자본거래 영수(제7-2조 제9호)
( ) 53. 거주자의 외화증권발행(제7-22조 제2항)	

변경전 지정거래외국환은행의 경유확인:	은행　　　　장(인)

위 신청을 지정(변경지정) 확인함 은행부(점)장(인)	지정확인번호	
	지정일자	20 .

라. 지정거래외국환은행 미준수는 위규에 해당함

금융기관이 아닌 거주자의 해외직접투자는 1개의 외국환은행(취급점 단위)을 지정하여 거래하여야 하고(규정 제10-11조 제1항 제18호, 지침 제1장 제10절 6.가) 관련된 자금의 지급 등도 반드시 지정거래외국환은행을 통하여야 한다(규정 제4-2조 제5항).

【외국환거래 위반사례 ②】

○ 위규사례 2번: 해외직접투자 관련 자금 수령 시 지정거래외국환은행 미준수

- 위규내역: 거주자 ○○○은 ① 지정거래외국환은행에 신고를 하고 일본현지법인에 해외직접투자를 하였으나 ② 일본 현지법인의 해산에 따른 청산배당금을 수령함에 있어 지정거래외국환은행이 아닌 국내의 다른 외국환은행을 통해 수령
→ 지급 등 절차 위반(규정 제4-2조)
- 유의사항: 거래당사자는 해외직접투자, 금전대차 등 거래외국환은행을 지정한 경우 관련된 자금의 지급 등도 반드시 지정거래외국환은행을 통하여 거래하여야 함
- 은행은 해외직접투자, 금전대차 등 거래외국환은행을 지정해야 하는 거래와 관련된 자금이 입금된 경우 자행이 외국환은행으로 지정되었는지 반드시 확인하여야 하며 지정되지 않은 경우 타행앞 관련 신고가 이루어진 거래라고 하더라도 지급처리할 수 없음
· 외화자금 수령 시 동 자금의 수령사유를 반드시 확인

(금융감독원, 외국환거래위반사례집, 2019. 11., p. 88)

---

2. 해외직접투자 신고

가. 신고의 성격

지분투자나 대부투자를 통하여 해외직접투자를 하는 경우에는 당해 해외직접투자에 대한 신고를 하여야 한다.

1) 관련 규정

> **【법】**
>
> 제18조(자본거래의 신고 등)
>
> ① 자본거래를 하려는 자는 대통령령으로 정하는 바에 따라 기획재정부장관에게 신고하여야 한다. 다만, 외국환수급 안정과 대외거래 원활화를 위하여 대통령령으로 정하는 자본거래는 사후에 보고하거나 신고하지 아니할 수 있다.
>
> ② 제1항의 신고와 제3항의 신고수리는 제15조 제1항에 따른 절차 이전에 완료하여야 한다.
>
> ③ 기획재정부장관은 제1항에 따라 신고하도록 정한 사항 중 거주자의 해외직접투자와 해외부동산 또는 이에 관한 권리의 취득의 경우에는 투자자 적격성 여부, 투자가격 적정성 여부 등의 타당성을 검토하여 신고수리 여부를 결정할 수 있다.

④ 기획재정부장관은 제3항에 따른 신고에 대하여 대통령령으로 정하는 처리기간에 다음 각호의 어느 하나에 해당하는 결정을 하여 신고인에게 통지하여야 한다.

　1. 신고의 수리

　2. 신고의 수리 거부

　3. 거래 내용의 변경 권고

⑤ 기획재정부장관이 제4항 제2호의 결정을 한 경우 그 신고를 한 거주자는 해당 거래를 하여서는 아니 된다.

⑥ 제4항 제3호에 해당하는 통지를 받은 자가 해당권고를 수락한 경우에는 그 수락한 바에 따라 그 거래를 할 수 있으며, 수락하지 아니한 경우에는 그 거래를 하여서는 아니 된다.

⑦ 제4항에 따른 처리기간에 기획재정부장관의 통지가 없으면 그 기간이 지난 날에 신고가 수리된 것으로 본다.

지분 또는 대부투자 방식에 의한 해외직접투자를 하는 경우에는 "사전신고"를 하여야 하고, 동 신고는 수리가 필요한 신고이다. 이러한 "신고"와 관련하여 외국환거래업무취급지침은 다음과 같이 용어의 정의를 내리고 있다.

【지침】

제1장 총칙 제2절 용어의 정의

1. 신고: 신고라 함은 외국환거래 당사자가 소정의 신고서에 당해 외국환거래 등의 사유와 금액을 입증하는 서류를 첨부하여 신고기관에 제출하는 행위로 신고를 받은 기관은 당해 거래 등이 신고 대상인지 여부 및 신고서 기재사항을 정확히 기재하였는지 여부를 확인한 후 업무를 처리하는 것을 말한다. 이 경우 당해 신고서에 "신고필"이라 기록하여 신고기관의 장 직인을 날인한 신고필증을 교부하여야 한다.

2. 신고수리: 외국부동산을 취득하기 위해 외국환은행앞 신고서를 제출하는 경우 외국환거래법 시행령 제32조 제3항 및 규정에 있는 신고요건에 적법하다고 인정되어 신고수리를 받아야 당해 거래를 할 수 있는 행위로서 신고수리의 절차는 외국환거래법 시행령 제32조 제4항 내지 제7항의 규정에 따른다.

법상 거주자의 해외직접투자는 신고수리 대상이고, 지침은 이러한 신고수리는 "신고요건에 적법하다고 인정되어 신고수리를 받아야만 당해 거래를 할 수 있는 행위"라고 정의하고 있다.

"신고"와 "신고수리"의 차이를 살펴보면, 강학상 "신고"란 수리를 요하지 않는 신고로 형식적 요건을 갖추고 있는 한 신고서가 접수기관에 도달한 때에 그 효력이 발생하고, 행정관청의 별도의 행위를 필요로 하지 않는다. 따라서 이는 단순한 사실행위이다. 반면 "신고수리"란 행정관청이 타인의 행위를 유효한 것으로 받아들이는 행위를 의미하고, 이는 하나의 독립된 행정행위이다.[9] 달리 말하면 신고는 신고인이 형식적 요건을 갖추고 접수기관 앞 제출함과 동시에 효력이 발생하나, 신고수리는 행정관청이 심사 등을 통하여 적법성을 검토하고 불충분하다고 판단하는 경우 수리를 거부할 수 있는 행위로, 수리가 되어야만 당해 거래를 할 수 있게 된다.

그러나 이러한 강학상의 차이와는 다르게 지침은 신고를 신고요건 등을 확인하고 신고필증을 교부하는 것으로 하고 있고, 신고수리도 이와 마찬가지로 신고요건 등을 검토하고 수리하는 것으로 되어 있어 실제로 큰 차이가 없게 운영되고 있다.

나. 신고의 시기

해외직접투자 관련 신고는 해당 해외직접투자 행위를 하기 전에 신고되어야 한다(사전신고). 지침도 신고는 당해 행위 또는 거래를 착수 또는 개시하기 전에 이루어져야 한다고 하고 있다(지침 제1장 제3절 6).

---

[9] 온주 편집위원회 편저, 집필대표 이금호, 온주 외국환거래법 제18조(자본거래의 신고 등) 단락 4번

다. 해외직접투자 유형과 신고[10]

1) 관련 규정

【법】

제3조(정의)

① 이 법에서 사용하는 용어의 뜻은 다음과 같다.

:

18. "해외직접투자"란 거주자가 하는 다음 각 목의 어느 하나에 해당하는 거래·행위 또는 지급을 말한다.

가. 외국법령에 따라 설립된 법인(설립 중인 법인을 포함한다)이 발행한 증권을 취득하거나 그 법인에 대한 금전의 대여 등을 통하여 그 법인과 지속적인 경제관계를 맺기 위하여 하는 거래 또는 행위로서 대통령령으로 정하는 것

---

10 앞서 말한 바와 같이 이 책에서는 지분투자와 대부투자 방식에 의한 해외직접투자만 다룬다.

【시행령】

제8조(해외직접투자)

① 법 제3조 제1항 제18호 가목에서 "대통령령으로 정하는 것"이란 다음 각호의 것을 말한다.

1. 외국 법령에 따라 설립된 법인(설립 중인 법인을 포함한다. 이하 "외국법인"이라 한다)의 경영에 참가하기 위하여 취득한 주식 또는 출자지분이 해당 외국법인의 발행주식총수 또는 출자총액에서 차지하는 비율(주식 또는 출자지분을 공동으로 취득하는 경우에는 그 주식 또는 출자지분 전체의 비율을 말한다. 이하 이 항에서 "투자비율"이라 한다)이 100분의 10 이상인 투자

2. 투자비율이 100분의 10 미만인 경우로서 해당 외국법인과 다음 각 목의 어느 하나에 해당하는 관계를 수립하는 것

   가. 임원의 파견

   나. 계약기간이 1년 이상인 원자재 또는 제품의 매매계약의 체결

   다. 기술의 제공·도입 또는 공동연구개발계약의 체결

   라. 해외건설 및 산업설비공사를 수주하는 계약의 체결

3. 제1호 또는 제2호에 따라 이미 투자한 외국법인의 주식 또는 출자지분을 추가로 취득하는 것

4. 제1호부터 제3호까지의 규정에 따라 외국법인에 투자한 거주자가 해당 외국법인에 대하여 상환기간을 1년 이상으로 하여 금전을 대여하는 것

제18조(자본거래의 신고 등)

① 자본거래를 하려는 자는 대통령령으로 정하는 바에 따라 기획재정부장관에게 신고하여야 한다(단서 생략).

   :

③ 기획재정부장관은 제1항에 따라 신고하도록 정한 사항 중 거주자의 해외직접투자와 해외부동산 또는 이에 관한 권리의 취득의 경우에는 투자자 적격성 여부, 투자가격 적정성 여부 등의 타당성을 검토하여 신고수리 여부를 결정할 수 있다.

【개정 전 규정】

제9-5조(해외직접투자의 신고 등)

① 거주자가 해외직접투자(증액투자 포함)를 하고자 하는 경우 또는 거주자가 해외직접투자를 한 자로부터 당해 주식 또는 지분을 양수받아 해외직접투자를 하고자 하는 경우에는 다음 각호의 1에서 정하는 외국환은행의 장에게 신고하여야 한다.

【개정 후 규정】

제9-5조(해외직접투자의 신고 등)

① 거주자 … 가 해외직접투자(증액투자 포함)를 하고자 하는 경우 다음 각호의 1에서 정하는 외국환은행의 장에게 신고하여야 한다.

② 제1항의 규정에도 불구하고, 거주자가 다음 각호의 1에 해당하는 해외직접투자를 하고자 하는 경우에는 거래가 있은 날로부터 3개월 이내에 사후보고를 할 수 있다.

1. 거주자가 해외직접투자를 한 거주자로부터 당해 주식 또는 지분을 양수받아 해외직접투자를 하고자 하는 경우

【지침】[11]

제9장 제1절 제1관

○ 공통제출서류

1. 해외직접투자 신고서(보고서) (규정서식 제9-1호)

2. 사업계획서(지침서식 제9-1호)

3. 사업자등록증사본 등

- 투자자가 법인인 경우 : 사업자등록증 사본, 납세증명서(관할세무서장 발행)

- 투자자가 개인사업자인 경우 : 사업자등록증 사본, 주민등록등본, 납세증명서(관할세무서장 발행)

- 투자자가 개인인 경우 : 주민등록등본, 납세증명서(관할세무서장 발행)

※ 상기 서류 중 사업자등록증사본은 최근 1년 이내 제출한 사실이 있을 경우 그 징구를 생략할 수 있음

○ 추가제출서류

1. 상환기간 1년 이상인 금전대여에 의한 해외직접투자인 경우 금전대차계약서

2. 외국자본과 합작인 경우 당해 사업에 관한 계약서

3. 현물투자명세표 2부(현물투자의 경우)

4. 주식을 통한 해외직접투자인 경우에는 공인회계사법에 의한 회계법인의 주식평가에 관한 의견서

5. 관련기관으로부터 제재를 받은 후 사후신고를 하는 경우에는 신고기관의 장은 제재조치에 대한 관련 서류를 추가 징구

☞ 제재조치 완료 후 신규에 준하여 사후신고

6. 취득예정인 현지법인 주식 또는 지분의 액면가액과 취득가액이 상이한 해외직접투자의 경우 차액의 적정성을 확인하기 위하여 전문평가기관, 공인회계사 등의 의견(평가서, 의견서)을 제출받아야 함

☞ 다만 인수하고자 하는 법인이 상장법인으로 동 취득가액이 거래시세와 크게 차이가 없을 경우 거래시세 관련 자료 첨부로 갈음 가능

---

11 2023년 7월 현재 지침 개정 전이나, 2023. 7. 4. 이후부터는 개정 규정에 따라 추가제출서류 중 4번 및 6번 주식평가에 관한 의견서가 제출 대상에서 삭제될 것이다.

앞서 살펴본 바와 같이 해외직접투자는 크게 지분투자와 대부투자 방식으로 이루어진다. 외국환거래규정은 당초부터 지분 또는 대부투자를 하는 것뿐만 아니라, 기투자한 해외직접투자를 증액하는 것도 모두 신규 해외직접투자로 보고 있다. 또 당초 1년 미만의 대부투자를 하였으나, 대부기간을 1년 이상으로 변경하는 경우도 신규투자로 보아 해외직접투자 신고 대상으로 규율한다. 이러한 해외직접투자는 거주자가 직접 외국법인의 주식이나 지분을 취득하거나 외국법인 앞 대부를 하는 방법 이외에도 기투자한 해외직접투자자로부터 주식이나 지분 또는 대부금을 양수받는 방법으로도 가능하다. 기존에는 이와 같이 거주자간 해외직접투자 주식이나 지분을 양·수도하는 경우 양도인인 거주자는 해외직접투자 변경보고 의무를 부담하고, 양수인인 거주자는 해외직접투자 신규신고 의무를 부담하였으나, 금번 외국환거래법 시행령 및 외국환거래규정 개정으로 양도인과 양수인 모두 사후보고 의무를 부담한다(개정 후 외국환거래규정 제9-5조 제2항 제1호, 제9-9조 제1항 제9호).[12]

해외직접투자 유형에 따라 제출하여야 하는 서류도 달라지는바, 지침은 모든 해외직접투자 유형에 제출이 요구되는 서류는 공통제출서류로, 해외직접투자 유형별로 제출하여야 하는 서류는 추가제출서류로 구분하고 있다. 해외직접투자 유형별 신고서를 포함한 필요서류의 작성방법은 아래 '라. 신고서의 작성과 제출' 등 관련 서류별로 자세히 살펴보기로 한다.

---

12 문제는 제9-5조 제2항 제1호를 두어 개정 후 외국환거래규정이 거주자 간 해외직접투자 양수도를 사후보고 대상으로 변경하였으나, 지정거래외국환은행의 지정(개정 규정 제9-5조 제1항), 해외직접투자 신고서(보고서) 및 기타 서류의 제출(개정 규정 제9-5조 제3항) 등이 모두 개정 전 규정과 동일하여 이름만 "신고"에서 "보고"로 바뀐 것과 같은 효과만 있을 수 있다는 점이다. 개정 후 외국환거래규정은 양수인 앞 사후보고를 "할 수 있다"고 하고 있으므로 종전과 같이 해외직접투자 신규신고를 하여도 무방할 것으로 생각한다.

라. 신고서의 작성과 제출

1) 관련 규정

【규정】

제2관 금융기관을 제외한 거주자의 해외직접투자

제9-5조(해외직접투자의 신고 등)
③ 해외직접투자를 하고자 하는 자는 별지 제9-1호 서식의 해외직접투자 신고서(보고서)에
   대음 각호의 서류를 첨부하여 당해 신고기관에 제출하여야 한다.

【지침】

제9장 제1절 제1관 <공통제출서류>

1. 해외직접투자 신고서(보고서) (규정서식 제9-1호)

해외직접투자 관련 신고 서식은 규정서식 제9-1호 "해외직접투자 신고서 (보고서)"로 정해져 있다. 이와 관련하여 지침은 다음과 같이 신고서 작성 시 필요사항을 정하고 있다(본 사항은 해외직접투자 신고서 이외에도 외국환거래 시 제출하여야 하는 제반 신고서에도 적용된다).

2) 신고서 작성에 관한 일반사항[13]

해외직접투자를 하고자 하는 자는 지정거래 외국환은행 앞 상기 신고서 및 첨부서류를 제출하여야 한다. 이때 신고서에는 자필서명 또는 기명날인을 하여야 한다. 다만, 전자적 방법에 의하여 신청을 하는 경우에는 자필서명 또는 기명날인을 한 것으로 본다(지침 제1장 제3절 1번 및 2번). 외국환거래규정은 해외직접투자 신고 등의 서류를 전자적 방법을 통해 실명확인을 받고 제출할 수 있다고 하고 있는데(규정 제9-1조 제6항), 지침은 이때의 "전자적 방법"을 FAX, e-mail 또는 스캔 방식에 의한 경우 등이라고 하고 있다(지침 제3장 제1절 〈공통확인 및 유의사항〉 8번).

신고 시 제출서류는 별도로 정한 경우를 제외하고 원본을 제출함을 원칙으로 한다. 다만, 부득이한 경우로서 원본 제출이 불가능하다고 인정되는 경우에는 사본을 제출받아 이를 원본에 갈음할 수 있다. 외국환은행은 원본을 받은 사실이 있는 경우 신고인이 사본에 원본대조필 확인을 요구할 경우에는 원본대조필 확인이 된 사본을 발행·교부할 수 있다. 이 경우 지급신고 금액, 일자 등을 표시하여야 한다(지침 제1장 제4절 1번~2번).

가) 본인확인

신고서를 제출하는 자는 당해 신고를 요하는 행위나 거래의 당사자 또는 본인이어야 하며 이 경우 실명확인증표(주민등록증, 여권, 사업자등록증, 납세번호증 등 실명을 확인할 수 있는 증표를 말한다; 지침 제7장 제1절 확인 및 유의사항 1번)로 당사자 또는 본인 여부를 확인하여야 한다. 법인(단체·조합·개인기업 등을 포함한다)을 위하여 해당 소속 임직원이 대리하여 신고인이 되는 경우에는 그 대리인(실명확인증표에 의하여 확인)이 신고인이 될 수 있다(지침 제1장 제3절 3번).

---

13 본 항목은 지침 제1장에서 규정된 신고서의 작성 관련 일반사항을 그대로 옮겨왔다. 이러한 사항은 해외직접투자 신고서 이외에 외국환거래 관련 제반 신고서의 작성에 공통적으로 적용된다고 보면 된다.

나) 작성 언어

신고서는 국문으로 작성, 제출한다. 다만 신고인이 국내에 영리를 목적으로 하는 영업소 기타 사무소를 가진 자가 아닌 외국인인 경우에는 신고서를 외국어로 작성, 제출할 수 있으며 이 경우 외국환은행의 장은 외국어로 작성하여 제출된 신고서(제출서류 포함)의 신고인에게 당해 외국어를 사용하는 국가의 공적기관이나 기타 공인된 기관이 작성 또는 확인한 국문의 번역문을 첨부하여 제출하게 할 수 있다(지침 제1장 제3절 4번~5번).

다) 제출방법

신고는 통상 지정거래 외국환은행을 방문하여 이루어질 것이나, 우편으로도 할 수 있다. 다만, 우편으로 신고필증 또는 신고수리서 등을 교부받고자 하는 경우에는 반송우표를 동봉하여 신고하여야 한다(지침 제1장 제3절 8번). 또한 지침은 해외직접투자 관련 신고 등의 서류는 전자적 방법을 통해 실명확인을 받고 제출할 수 있다고 하고 있다(지침 제1장 제4절 3번).

라) 서류 보완

지정거래 외국환은행은 신고서를 접수, 검토하여 서류상의 하자가 있거나 지급사유 및 타당성이 명백하지 아니하다고 인정될 때에는 보완·보정 또는 기타 필요한 서류의 제출을 요구할 수 있다. 다만, 이러한 요구는 원칙적으로 1회에 하여야 한다. 보완·보정 또는 필요한 서류의 제출을 요구하고자 하는 외국환은행은 요구사항에 관한 명세서에 제출기한을 기재하여 신고인에게 교부하여야 한다. 신고인이 제출기한 내에 보완·보정 또는 기타 필요한 서류의 제출을 하지 아니한 경우에는 그 사유를 명시하여 신고서류 등을 반려할 수 있다. 신고인의 소재가 불분명하여 보완·보정 또는 기타 필요한 서류 제출 요구가 불가능하거나 그 요구가 2회에 걸쳐 반송되었을 경우에는 담당책임자가 신고서에 취소인을 날인하여 그 처리를 종결할 수 있다. 외국환은행은 규정에서 정하는 바에 따른 신고수리를 함에 있어 필요하다고 인정하는 경우에는 이 지침에서 정하는 바에 의하여 관계기관의 장의 승인, 확인 또는 추천서 등 기타서류의 제출을 신고인에게 요구할 수 있다(지침 제1

장 제5절 1번~5번).

마) 처리

외국환은행은 신고서를 접수순에 따라 제출서류 및 확인사항을 확인한 후 제 기준에 부합되는 경우에는 지침상 정해진 처리기간 내에 이를 처리하고, 지침상 정하는 번호 기재 요령에 따라 신고사항은 신고대장, 신고수리사항은 신고수리대장에 각각 기장한다(지침 제1장 제6절 1번). 이때의 처리기간이란 신고수리인 경우는 7영업일 이내, 신고인 경우는 2영업일 내를 말한다. 다만 서류의 보완·보정에 소요되는 기간은 처리기간에 산입하지 아니한다(지침 제1장 제7절). 해외직접투자 신고의 경우 신고수리가 아닌 신고 대상에 해당하므로 2영업일이 처리기간이 된다.

바) 신고필증 등의 교부

신고의 경우 외국환은행은 신고필증을 교부하게 되는바, 동 신고필증은 당해 신고서에 "신고필"이라 기록하여 외국환은행의 장 직인을 날인·교부한다. 해외직접투자와 같은 신고수리사항은 따로 정하는 경우를 제외하고 외국환은행장의 직인이 날인된 신고수리서를 발행 교부함에 의한다. 신고 시 제출서류 원본(계약서, 주무부장관 등의 허가서, 추천서 등 기타 이와 유사한 신고에 필요한 주요서류의 원본을 말한다)을 신청인에게 반환하는 경우에는 동 제출서류 원본에 점포명, 금액, 일자 등 신고수리 또는 신고에 관한 주요사항을 표시하여야 한다. 발행·교부된 신고필증 및 신고수리서상의 신고(수리)금액, 신고(수리)일자, 유효기간의 정정은 인정하지 아니하며 그 정정된 서류는 이를 무효로 한다(지침 제1장 제6절 2번~5번).

사) 유효기간

해외직접투자는 투자가 있기 전 하여야 하는 사전신고 대상이므로, 실제 신고서를 제출한 이후에야 해외직접투자가 이루어진다. 따라서 해외직접투자 신고 시 유효기간을 정하여 당해 기간 내에 투자가 이루어지도록 하고 있다. 즉, 이때의 '유효기간'이라 함은 신고인이 신고(수리) 내용에 따라 당해 지급 또는 영수를 완료하여야 하는 기간을 밀한다(지침 제1장 제8절 5번).

해외직접투자 신고서의 유효기간은 1년을 원칙으로 하되 사업의 특성을 감안하여 외국환은행의 장이 유효기간을 자율적으로 정할 수 있으며, 신고대상인 외국환거래에 대해서는 6개월 이내에서 유효기간을 설정할 수 있다. 신고(수리)서(신고필증)의 유효기간 연장은 당초 유효기간 이내에 부득이하다고 인정되는 사유로 신고한 경우에 한하여 당초의 신고(수리)서(신고필증) 원본을 확인하고 변경신고(수리)/보고서(지침서식 제7-21호) 또는 해외직접투자 내용변경신고(보고)서(지침서식 제9-6호)를 제출받아 당초의 유효기간 만료일 익일부터 연장할 수 있다(지침 제1장 제8절 1번 및 2번).

신고(수리)를 받은 자가 유효기간 이내에 그 신고(수리)를 받은 행위나 거래를 하지 아니한 경우에는 그 신고(수리)는 무효로 한다. 신고(수리)서(신고필증)의 유효기간 경과 후 3개월 이내에 한하여 별도의 신고증빙서류를 제출하지 아니하고 기제출한 신고증빙서류를 근거로 다시 신고하고자 하는 경우에는 1회에 한하여 신고(수리)일(신고필증 발급일)로부터 3개월 이내의 유효기간을 정하여 다시 신고(수리)하거나 신고필증을 교부할 수 있다. 이 경우 신고인은 새로운 신고(수리)서와 당초 신고(수리)서(신고필증) 원본을 제출하여야 한다. 신고를 한 당사자는 동 신고(수리)서(신고필증)의 유효기간 이내에 분할지급을 신청할 수 있으며 외국환은행은 분할지급시 신고(수리)서(신고필증)에 의거 신고(수리)금액(신고필증 금액) 범위 내인가를 확인하고, 신고(수리)서(신고필증)에 지급금액 및 지급일자를 기재하고 지급한 후 반환하여야 한다(지침 제1장 제8절 3번 및 4번).

아) 외국환거래 신고(수리)서 번호 기재; 지침 제1장 제9절

신고 또는 신고수리번호는 다음과 같이 신고 또는 신고수리별, 일련번호 순으로 매년 개번하여 신고대장 또는 신고수리대장에 구분 기재한다.

㉮	㉯		㉰		㉱
신고	1234	-	자본	-	00001
신고수리	1234	-	해투	-	00001

㉮: 외국환은행의 장의 신고사항, 외국환은행의 장의 신고수리사항으로 각각 구분 표시

㉯: 12 = 은행 외환 No. 34 = 외국환취급(부)점 No.

㉰: 항목번호(지침 제11장 제1절의 「외국환거래 신고 · 신고수리 분류표」 참조)

㉱: 연도별 일련번호

3) 해외직접투자 신고서(보고서)의 작성방법

해외직접투자보고서는 규정서식 제9-1호로 정하여져 있다. 양식은 다음과 같다.

해외직접투자 신고서(보고서)				처리기간	
신고인 (보고인)	상호		사업자등록번호		
			법인등록번호		
	대표자		주민등록번호		
	소재지				
	업종				
해외 직접 투자 내용	투자국명		소재지		
	투자방법		자금조달		
	투자업종		주요제품		
	투자금액		출자금액		
	투자비율		결산월		
	투자목적				
	현지법인명 (영문)		(자본금:)		

외국환거래법 제18조의 규정에 의거 위와 같이 신고(보고)합니다.

년   월   일

외국환은행의 장 귀하

위와 같이 신고(보고)되었음을 확인함	신고번호	
	신고금액	
	유효기간	

피신고(보고)기관: 외국환은행의 장

210mm×297mm

〈첨부서류〉

1. 사업계획서(자금조달 및 운영계획 포함)

2. 합작인 경우 당해 사업에 관한 계약서

3. 외국환거래법 시행령 제8조 제1항 제4호에 규정한 금전의 대여에 의한 해외직접투자인 경우에는 금전대차계약서

4. 해외투자수단이 해외주식인 경우, 당해 해외주식의 가격적정성을 입증할 수 있는 서류

※ 업종은 통계청 한국표준산업분류표상 세세분류코드(5자리) 및 업종명을 기재

※ 출자금액란에는 액면가액과 취득가액이 상이한 경우 액면가액을 기재

이하 항목별로 작성방법을 살펴본다.

가) 신고인(보고인)

			사업자등록번호	
신고인 (보고인)	상호		법인등록번호	
	대표자		주민등록번호	
	소재지			
	업종			

신고인이 법인인 경우 상호, 대표자, 사업자등록번호 및 법인등록번호를 기재하며, 이를 입증하기 위하여 사업자등록증 사본 등을 제출한다. 또한 업종은 통계청 한국표준산업분류표상 세세분류코드(5자리) 및 업종명을 기재한다. 신고인이 개인사업자인 경우에는 주민등록등본, 사업자등록증 사본을, 신고인이 개인인 경우에는 주민등록등본 등을 제출한다. 이러한 추가서류는 "기타 신고기관의 장이 필요하다고 인정하는 서류" 항목에서 자세히 후술한다.

나) 해외직접투자 내용

해외 직접 투자 내용	투자국명		소재지	
	투자방법		자금조달	
	투자업종		주요제품	
	투자금액		출자금액	
	투자비율		결산월	
	투자목적			
	현지법인명 (영문)		(자본금:)	

① 공통기재사항: 해외직접투자의 내용은 지분투자인지 내부투자인지 여부, 즉 해외직접투자의 방식에 따라 달라진다. 이하에서는 해외직접투자 방식에 상관없이 공통으로 작성되는 ⅰ) 투자국명, ⅱ) 소재지, ⅲ) 투자업종, ⅳ) 주요제품, ⅴ) 결산월, ⅵ) 현지법인명(영문)(자본금 포함)란에 대하여 살펴본다.

㉮ 투자국명: 투자국명란에는 신고인이 하려는 해외직접투자 관련 투자국을 기재한다.

㉯ 소재지: 소재지란에는 투자대상이 되는 외국법인의 소재지를 기재한다.

㉰ 투자업종: 신고인 항목과 마찬가지로 통계청 한국표준산업분류표상 세세분류코드(5자리) 및 업종명을 기재한다.

㉱ 주요제품: 해외직접투자대상인 외국법인이 생산하는 주요제품을 기재한다.

㉲ 결산월: 해외직접투자대상 외국법인의 결산월을 기재한다.

㉳ 현지법인명(영문): 영문으로 현지법인명을 기재하고, 자본금란에는 금번 투자 후 총 자본금을 기재한다. 주의하여야 할 사항은 동 자본금은 해외직접투자 시 제출서류 중의 하나인 사업계획서 2. 현지법인 현황의 총자본금 금액과 사업계획서 3. 투자방법 ① 지분투자 세 번째 표 출자 후 총합계금액과 일치해야 한다는 것이다.

② 해외직접투자 방식별 기재사항: 이하에서는 해외직접투자 방식별로 달라지는 신고서상 기재사항 즉, ⅰ) 투자방법, ⅱ) 자금조달, ⅲ) 투자금액, ⅳ) 출자금액, ⅴ) 투자비율, ⅵ) 투자목적란에 대하여 살펴본다.

㉮ 최초 신규 지분투자: 거주자가 해외법인의 지분이나 주식을 최초 신규로 취득하는 경우이다.

　　a. 투자방법: "지분투자"로 기재한다.

　　b. 자금조달: "자기자금"으로 기재한다.

　　c. 투자금액, 출자금액, 투자비율: 투자금액란과 출자금액란, 투자비율란에는 금번 해외직접투자와 관련한 투자금액과 출자금액, 투자비율을 각 기재한다. 이때 아래 표와 같이 신고인이 제출하는 사업계획서상 내용과 일치하여야 함을 유의하여야 한다.

투자금액	금번 취득하는 주식이나 지분의 "취득가액"을 기재하며, 사업계획서 3. 투자방법 ① 지분투자 "취득가액" 합계와 일치해야 한다.
출자금액	금번 취득하는 주식이나 지분의 "액면가액"을 기재하며, 사업계획서 3. 투자방법 ① 지분투자 "액면가액" 합계와 일치하여야 한다.
투자비율	사업계획서 3. 투자방법 ① 지분투자 세 번째 표 출자 후 비율(%)과 일치하여야 한다.

    d. 투자목적: 해외직접투자를 하고자 하는 이유, 예를 들면 현지시장 진출 등의 사유를 기재한다.

    해외직접투자 신고서상 달러화 이외의 통화로 금액을 기재하는 경우 모든 이종통화 금액 아래에 미달러 환산금액을 부기한다(서울외국환중개 매매기준율 사용). 해외직접투자 신고서상 투자금액은 이후 송금의 기준액이 되므로 작성 시 유의한다(신고서상 투자금액을 초과하여 송금 불가).

    신고서는 2부를 작성하여 1부는 지정거래 외국환은행이 보관하고, 1부는 신고인 앞 교부한다. 또한 해외직접투자 신고서(보고서) 분실 시 원본은 재발급할 수 없으며 사본(원본대조필 날인) 발급만 가능하다(지침 제9장 제1절 제1관 통칙 〈공통확인 및 유의사항〉 2번).

    ㉯ 대부투자: 거주자가 지분투자를 한 국외법인 앞 상환기간 1년 이상의 자금 대여를 하는 경우이다.

        a. 투자방법: "대부투자"로 기재한다.

        b. 자금조달: "자기자금"으로 기재한다.

        c. 투자금액: 금번 대여금액을 기재한다.

        d. 출자금액, 투자비율: 공란으로 둔다.

        e. 투자목적: 현지법인 운영자금 용도 등으로 자금 대여 목적을 기재한다.

    ㉰ 지분이나 주식 추가취득(증액투자): 거주자가 기투자한 해외법인의 지분이나 주식을 추가로 취득하는 경우이다. 앞서 살펴본 바와 같이 증액투자는 신규투자에 해당하여 새로운 신고대상이며, 기신고내용의 변경보고 사항이 아님을 유의하여야 한다(규정 제9-5조 제1항). 따라

서 이 경우 규정서식 제1호에 의한 해외직접투자 신고서(보고서)를 새로이 제출하여야 하며 지침서식 제9-6호에 의한 해외직접투자 내용변경신고(보고)서 제출 대상이 아니다.

a. 투자방법: "지분투자"로 기재한다.

b. 자금조달: "자기자금"으로 기재한다.

c. 투자금액, 출자금액, 투자비율: 투자금액란과 출자금액란, 투자비율란은 금번 해외직접투자와 관련한 투자금액과 출자금액, 투자비율을 기재한다. 이때 신고인이 제출하는 사업계획서상 내용과 일치하여야 함을 유의하여야 한다.

투자금액	금번 취득하는 주식이나 지분의 "취득가액"을 기재하며, 사업계획서 3. 투자방법 ① 지분투자 "취득가액" 합계와 일치해야 한다.
출자금액	금번 취득하는 주식이나 지분의 "액면가액"을 기재하며, 사업계획서 3. 투자방법 ① 지분투자 "액면가액" 합계와 일치하여야 한다.
투자비율	사업계획서 3. 투자방법 ① 지분투자 세 번째 표 출자 후 비율(%)과 일치하여야 한다.

d. 투자목적: 해외직접투자를 하고자 하는 이유, 예를 들면 현지시장 진출 등의 사유를 기재한다.

㉑ 대부금액 증액(증액투자): 기투자한 대부원금을 증액하거나, 추가로 대부를 하는 경우이다. 이 경우에도 증액투자, 즉 신규투자에 해당한다.

㉒ 출자전환 또는 이자의 원금화: 주의할 사항은 실제로 대부금액의 증가 없이 약정에 의하여 대부금을 출자전환하거나, 이자를 원금화하는 경우도 증액투자에 해당한다는 것이다. 앞서 살펴본 바와 같이 외국환신고는 행위자별, 행위별 개별 신고가 원칙이다. 따라서 기존 대출금을 출자전환하거나 이자의 원금화로 대부투자금이 증액되는 경우에는 i) 기투자한 대부투자의 내용이 변경되었으므로 이에 대한 변경보고와 함께 ii) 대부투자금액의 출자전환을 통한 해외직접투자 신규신고를 동시에 하여야 한다. 이는 특수사례이므로 추후 「IV. 해외직접투자의 변경보고」에서 관련 해외직접투자 신고서 및 사업계획서 등의 작성방법을 자세히 살펴보기로 한다.

다) 작성례

앞서 본 ㈜리오를 주체로 하여 위에서 살펴본 사례별로 해외직접투자 신고서 작성례를 살펴보기로 한다.

① 최초 신규 지분투자

CASE 1: 해외직접투자 최초 신규 지분투자 신고 개요

신고인(투자자): ㈜리오

투자대상 현지법인: LIOH AMERICA CO.

투자방법: 지분투자(공동투자, 합작투자)

투자금액(취득가액): USD 2,000,000

액면가액: USD 1,000,000

위 사례는 ㈜리오가 미국현지법인인 LIOH AMERICA CO.에 미불화 금이백만불(USD 2,000,000-)의 신규지분투자를 하는 사례이다. 이때 해외직접투자 신고서 작성례는 다음과 같다.

해외직접투자 신고서(보고서)

			처리기간	

신고인 (보고인)	상호	(주)리오	사업자등록번호	123-45-67890
			법인등록번호	123456-1234567
	대표자	오정현 (인)	주민등록번호	123456-1234567
	소재지	서울시 강남구 영동대로 517 전화번호: 02-123-4567		
	업종	27191(치과용 기기 제조업)		
해외 직접 투자 내용	투자국명	미국	소재지	3655 N 1t st, San Jose CA 95135, U.S.A.
	투자방법	지분투자	자금조달	자기자금
	투자업종	46592 (치과용기기 도매)	주요제품	치과용 의료기기
	투자금액	USD 2,000,000	출자금액	USD 1,000,000
	투자비율	50.0%	결산월	12월
	투자목적	현지시장 진출		
	현지법인명 (영문)	LIOH AMERICA CO. (자본금: USD 2,000,000)		

외국환거래법 제18조의 규정에 의거 위와 같이 신고(보고)합니다.

2018 년 6 월 30 일

외국환은행의 장 귀하

위와 같이 신고(보고)되었음을 확인함	신고번호	
	신고금액	
	유효기간	

피신고(보고)기관: 외국환은행의 장

210mm×297mm

〈첨부서류〉

1. 사업계획서(자금조달 및 운영계획 포함)
2. 합작인 경우 당해 사업에 관한 계약서
3. 외국환거래법 시행령 제8조 제1항 제4호에 규정한 금전의 대여에 의한 해외직접투자인 경우에는 금전대차계약서
4. 해외투자수단이 해외주식인 경우, 당해 해외주식의 가격적정성을 입증할 수 있는 서류

※ 업종은 통계청 한국표준산업분류표상 세세분류코드(5자리) 및 업종명을 기재
※ 출자금액란에는 액면가액과 취득가액이 상이한 경우 액면가액을 기재

② 대부투자

CASE 2: 해외직접투자 대부투자 신고

신고인(투자자): ㈜리오

투자대상 현지법인: LIOH AMERICA CO.

투자방법: 대부투자

투자금액: USD 500,000-

* 참고로 이 책에서 CASE는 CASE 1. 최초지분투자 → CASE 3. USD 일백만불(U$ 1,000,000-) 증액투자 → CASE 2. USD 오십만불(U$ 500,000-) 대부투자 → CASE 4. 기존 대부투자금 USD 오십만불(U$ 500,000-) 출자전환 → CASE 5. 다른 거주자로부터 USD 오십만불(U$ 500,000-) 출자지분 양수 → CASE 6. 다른 거주자 앞 지분 전액 양도(CASE 6-①) 또는 비거주자 앞 비거주자 앞 지분 전액 양도(CASE 6-②)의 순서를 상정하였다.

(CASE 2와 CASE 3의 시간 순서만 바뀜)

㈜리오가 미국현지법인인 LIOH AMERICA CO.에 미불화 금오십만불 (USD 500,000-)의 대부투자를 하는 사례이다. 이때 해외직접투자 신고서 작성 례는 다음과 같다.

해외직접투자 신고서(보고서)

				처리기간

신고인 (보고인)	상호	(주)리오	사업자등록번호	123-45-67890
			법인등록번호	123456-1234567
	대표자	오정현 (인)	주민등록번호	123456-1234567
	소재지	서울시 강남구 영동대로 517 전화번호: 02-123-4567		
	업종	**27191(치과용 기기 제조업)**		
해외 직접 투자 내용	투자국명	미국	소재지	3655 N 1t st, San Jose CA 95135, U.S.A.
	투자방법	지분투자	자금조달	자기자금
	투자업종	**46592** **(치과용기기 도매)**	주요제품	치과용 의료기기
	투자금액	**USD 500,000**	**출자금액**	–
	투자비율	–	**결산월**	**12월**
	투자목적	현지법인 운용자금 용도		
	현지법인명 (영문)	LIOH AMERICA CO. **(자본금: USD 3,000,000)**		

외국환거래법 제18조의 규정에 의거 위와 같이 신고(보고)합니다.

2018 년 9 월 30 일

외국환은행의 장 귀하

위와 같이 신고(보고)되었음을 확인함	신고번호	
	신고금액	
	유효기간	

피신고(보고)기관: 외국환은행의 장

210mm×297mm

〈첨부서류〉

1. 사업계획서(자금조달 및 운영계획 포함)
2. 합작인 경우 당해 사업에 관한 계약서
3. 외국환거래법 시행령 제8조 제1항 제4호에 규정한 금전의 대여에 의한 해외직접투자인 경우에는 금전대차계약서
4. 해외투자수단이 해외주식인 경우, 당해 해외주식의 가격적정성을 입증할 수 있는 서류
※ 업종은 통계청 한국표준산업분류표상 세세분류코드(5자리) 및 업종명을 기재
※ 출자금액란에는 액면가액과 취득가액이 상이한 경우 액면가액을 기재

③ 증액투자: 거주자가 기투자한 해외법인에 대하여 주식이나 지분을 추가로 취득하는 형태(증액투자)이다.

CASE 3: 해외직접투자 지분투자(증액) 신고

신고인(투자자): ㈜리오

투자대상 현지법인: LIOH AMERICA CO.

투자방법: 지분투자

투자금액(취득가액): USD 2,000,000

액면가액: USD 1,000,000

증액투자는 신규투자에 해당하여 새로운 신고 대상이며, 기존 신고내용의 변경보고 사항이 아님을 유의하여야 한다(규정 제9-5조 제1항). 또한 규정 제7-31조 제2항에 따라 거주자의 비거주자로부터 증권취득에 해당하여 증권취득 신고를 한 거래라도 증액투자 등으로 해외직접투자규정에 해당하는 때에는 규정 제9-5조 제1항에 의한 해외직접투자 신고를 하여야 하며, 이 경우 기신고한 한국은행 증권취득신고필증을 첨부하여 신고하여야 한다(지침 제9장 제1절 제1관 〈공통확인 및 유의사항〉 9번). 상기 사례에서 해외직접투자 신고서 작성례는 다음과 같다.

<별지 제9-1호 서식>

해외직접투자 신고서(보고서)

				처리기간

신고인 (보고인)	상호	(주)리오	사업자등록번호	123-45-67890
			법인등록번호	123456-1234567
	대표자	오정현 (인)	주민등록번호	123456-1234567
	소재지	서울시 강남구 영동대로 517 전화번호: 02-123-4567		
	업종	27191(치과용 기기 제조업)		
해외 직접 투자 내용	투자국명	미국	소재지	3655 N 1t st, San Jose CA 95135, U.S.A.
	투자방법	지분투자	자금조달	자기자금
	투자업종	46592 (치과용기기 도매)	주요제품	치과용 의료기기
	투자금액	USD 2,000,000	출자금액	USD 1,000,000
	투자비율	66.7%	결산월	12월
	투자목적	현지법인 운용자금 용도		
	현지법인명 (영문)	LIOH AMERICA CO. (자본금: USD 3,000,000)		

외국환거래법 제18조의 규정에 의거 위와 같이 신고(보고)합니다.

2018 년 8 월 30 일

외국환은행의 장 귀하

위와 같이 신고(보고)되었음을 확인함	신고번호	
	신고금액	
	유효기간	

피신고(보고)기관: 외국환은행의 장

210mm×297mm

<첨부서류>

1. 사업계획서(자금조달 및 운영계획 포함)
2. 합작인 경우 당해 사업에 관한 계약서
3. 외국환거래법 시행령 제8조 제1항 제4호에 규정한 금전의 대여에 의한 해외직접투자인 경우에는
   금전대차계약서
4. 해외투자수단이 해외주식인 경우, 당해 해외주식의 가격적정성을 입증할 수 있는 서류
※ 업종은 통계청 한국표준산업분류표상 세세분류코드(5자리) 및 업종명을 기재
※ 출자금액란에는 액면가액과 취득가액이 상이한 경우 액면가액을 기재

라) 위반사례

해외직접투자 시 이에 대한 신고를 누락하면 위규가 되므로 주의한다.

【외국환거래 위반사례 ③】

○ 위규사례 5번: 해외직접투자에 따른 현지법인 운영자금 타인 명의 송금 등

- 위규내역: 거주자 ○○○은 ① 외국환은행에 신고하지 않고 카자흐스탄에 자본금 1달러인 현지법인을 설립하였으며, ② 회사 임직원 등 10명의 명의를 이용하여 현지법인의 단기운영자금 50만 달러를 분산송금하였음

→ 해외직접투자 신고 누락 및 지급 등 절차위반(규정 제4-2조, 제9-5조)

- 유의사항: 거래당사자는 실지명의로 송금하여야 하며 증빙서류 제출이 면제되는 범위의 송금이라 할지라도 실질이 해외직접투자인 경우 외국환은행장 앞 신고가 필요

- 외국환은행은 송금의 수취인이 해외법인인 경우 자본거래에 해당할 가능성(해외직접투자, 금전대차)이 높으므로 송금사유를 재확인

- 특히 현지법인에 대한 송금신청을 받은 경우 현지법인의 주주명부를 확인하여 송금인과의 관계를 확인

· 차명에 의한 분산송금임을 인지한 경우 송금인에게 편법송금에 대한 경고 및 혐의거래 보고 등 동 거래에 대한 후속조치 필요

(금융감독원, 외국환거래위반사례집, 2019. 11., p. 91)

【외국환거래 위반사례 ④】

○ 위규사례 51번: 10% 지분 무상취득 시 해외직접투자 신고 누락

- 위규내역: 거주자 ○○○은 ① 거주자 ㈜△△△가 대주주로 있는 인도네시아 소재 현지법인 ㈜□□□의 법인장으로 파견되면서, ② 외국환은행장 앞 신고 없이 ㈜□□□와 ㈜△△△에 공동투자할 의사로 ㈜□□□가 보유한 ㈜△△△의 지분 중 0.49%를 증여받았음

→ 해외직접투자 신고 누락(규정 제9-1조, 제9-39조)

- 유의사항: 거래당사자의 개별 지분이 10% 미만이더라도 공동투자한 투자지분 합계가 10% 이상인 경우 외국환은행장 앞 연명하여 사전에 해외직접투자 신고하여야 함

- 국내에서 외국환은행을 통한 송금을 하지 않더라도(휴대반출, 무상취득 등) 현지법인의 지분 취득 이전에 사전신고가 필요함에 유의

- 외국환은행은 해외직접투자 요건(투자비율 10% 이상 등)을 숙지

(금융감독원, 외국환거래위반사례집, 2019. 11., p. 145)

---

3. 사업계획서의 제출

해외직접투자 신고서와 더불어 사업계획서도 공통제출서류이다.

가. 사업계획서의 작성 및 제출

1) 관련 규정

【규정】

제2관 금융기관을 제외한 거주자의 해외직접투자

제9-5조(해외직접투자의 신고 등)
③ 해외직접투자를 하고자 하는 자는 별지 제9-1호 서식의 해외직접투자 신고서(보고서)에
　대음 각호의 서류를 첨부하여 당해 신고기관에 제출하여야 한다.
1. 사업계획서

【지침】

제9장 제1절 제1관 <공통제출서류>
:
2. 사업계획서(지침서식 제9-1호)

나. 사업계획서 양식과 작성방법

1) 사업계획서 양식

사업계획서 양식은 지침에서 정하고 있다(지침서식 제9-1호). 양식은 다음과 같다.

<지침서식 9-1호>

사업계획서

□ 증권투자(1. 신규투자 2. 증액투자)   □ 대부투자   □ 제재기관 보고후 사후신고

1. 투자자 현황

상호 또는 성명		설립연월일	
소재지(주소)			
투자자규모	□ 대기업 □ 중소기업 □ 개인사업자 □ 개인 □ 기타(비영리단체 등)		
투자자 법인성격	□ 실제영업법인	□ 특수목적회사(SPC)[1]	
외국인투자기업[2] 여부	□ 아니오	□ 예 - 최대주주명: (지분율: %)[3] - 최대주주 소속 국가:	
총자산	백만원	자기자본(자본금)	( )백만원
업종 (제품)		담당자 및 연락처	

주)
1. SPC는 고용, 생산활동 및 물적 실체가 거의 없으며, 자산·부채는 타국에 대한 또는 타국으로부터의 투자로 구성되고 해외직접투자자에 의해 관리되는 법인임
2. 외국인투자기업은 외국투자자가 외국인투자촉진법에 의해 출자한 기업임
3. 지분율이 50%를 초과할 경우 최대주주의 최대주주 소속국가: _____
   및 최대주주명: _____ (지분율: %)

---

2. 현지법인 현황

법인명			대표자	
법인형태	☐ 법인 ☐ 개인기업 ☐ 기타 ☐ 해외자원개발사업 (☐ 법인설립 ☐ 법인미설립)		설립(예정)일	년 월 일 ☐ 자본금 미납입
총자본금			종업원수	한국인: 명, 현지인: 명
투자형태[1]	☐ 단독투자 ☐ 공동투자 ☐ 합작투자(지분율: %)			
주투자자 내역	상호		사업자번호	
	대표자명		법인등록번호	
법인성격	☐ 실제 영업법인 ☐ 특수목적회사(SPC) -최종 투자목적국: -최종 투자업종:	설립형태	☐ 신설법인 설립 ☐ 기존법인 지분인수 -지분인수비율: % (구주: %, 신주: %)[2]	
지배구조	☐ 비지주회사 ☐ 지주회사(자회사수: 개, 주된 매출 자회사 업종:)			
투자목적 (택일)	☐ 자원개발 ☐ 수출촉진 ☐ 보호무역타개 ☐ 저임활용 ☐ 선진기술 도입 ☐ 현지시장 진출 ☐ 제3국 진출			

주)

1. "공동투자"는 국내투자자와 공동으로 투자하는 경우를 말하며, "합작투자"는 비거주자와 합작으로 투자하는 경우를 말함

2. 구주 및 신주 비율의 합은 지분인수비율임

3. 투자방법

① 지분투자

취 득 증 권	증권종류	주수	액면		취득가액	
			주당액면	합계	주당가액	합계
	취득가액이 액면과 상이할 경우 그 산출근거[1]					

주)

1. 관련 증빙서류 필수 첨부

출자형태	① 현금		② 현물	
	③ 주식		④ 이익잉여금	
	⑤ 기술투자		⑥ 기타( )	
합계				(①+②+③+④+⑤+⑥)

출자자명		출자전		금회출자		출자후	
		금액	비율(%)	금액	비율(%)	금액	비율(%)
한국 측 (①)							
현지 측 (②)							
제3국 (③)							
합계(①+②+③)			100.0		100.0		100.0

② 대부투자

대부액			자금용도		
이율			기간		
원금상환방법			이자징수방법	□ 연 1회	□ 연 2회
대부자금 조달방법	자기자금			차입금	

4. 사업 개요 및 투자 필요성

5. 현지법인 자금조달 및 운용계획

(단위: 미불)

자금운용		자금조달	
항목	금액	항목	금액
토지 건물 기계설비 운영자금		차입금 자본금	

※ 자금운용금액과 자금조달금액의 합은 일치하여야 함

사업계획서 작성 시 유의사항

1. 총자본금(2. 현지법인 현황 中): 현지법인의 납입(예정)자본금 총액을 기재

2. 취득증권(3. 투자방법-① 지분투자 中)
   1) 현지법인이 발행할 증권 중 신고인이 취득하게 될 증권의 내용을 기재
   2) 증권의 종류: 신고인이 취득하게 될 증권의 종류(예: 보통주, 우선주, 출자증명서 등 기재)
   → 중국, 베트남 등 주식회사가 인정되지 않는 사회주의 국가인 경우 출자증명서로 기재
   3) 주수: 신고인이 취득하게 될 증권의 수량
   4) 액면(주당액면, 합계): 취득예정 증권의 1주당 주당액면가와 액면가액 총액을 기재
   → 중국, 베트남 등의 경우 합계란만 기재
   5) 취득가액(주당가액, 합계): 증권의 실제 취득가액 (1주당 가액과 총 취득가액)
   6) 취득가액이 액면과 상이할 경우 그 산출근거 → 전문평가기관, 공인회계사 등의 의견(평가서 등)서를 첨부[14]

3. 출자형태(3. 투자방법-① 지분투자 中): 현금, 현물, 주식, 이익잉여금, 기술투자, 기타로 구분
   1) 현금: 신고인이 현금으로 투자하는 경우
   2) 현물: 신고인이 기계장치, 집기 등을 투자하는 경우
   3) 주식: 국내유가증권시장에 상장 또는 등록된 주식 및 비상장주식으로 투자하는 경우
   4) 이익잉여금: 현지법인의 이익잉여금으로 투자하는 경우
   5) 기술투자: 신고인이 기술을 제공하고 그 대가로 출자지분을 인정받는 경우

4. 출자자명(3. 투자방법-① 지분투자 中)
   1) 출자자명: 한국 측과 현지 측의 투자자 상호(개인인 경우 개인성명)를 기재하되 투자자가 2인 이상인 경우 각각의 투자자별로 기재
   2) 출자 전 금액 및 비율: 기존법인의 지분을 인수하거나 기 설립된 현지법인의 자본금을 증액투자하는 경우에만 기재하고 신규법인 설립 시 생략
   3) 금회출자 금액 및 비율: 금번 투자할 출자금액과 비율을 기재하여 기존법인의 지분을 인수하는 경우에는 양수인 측의 투자금액만큼 양도인 측의 투자금액이 감소하게 됨
   4) 출자금액 및 비율: 출자전과 금회출자를 종합하여 최종적으로 나타나게 되는 자본금의 구성내역을 기재
   ※ 2.현지법인현황의 "총자본금"은 3.투자방법의 "출자 후 합계금액" 및 해투신고서상 "자본금"과 일치해야 함

5. 현지법인 자금조달 및 운용계획
   1) 자금운용: 국내투자자의 출자 전과 금회출자를 종합하여 최종적으로 나타나게 되는 자본금으로서, 현지법인에서 운용할 항목(토지, 건물, 기계설비, 운영자금)을 각각 금액으로 기재
   2) 자금조달: 국내투자자가 차입금과 자본금 등으로 조달할 금액을 기재
   ※ 자금운용금액과 자금조달금액의 합은 일치하여야 함

14　2023. 7. 4.자 외국환거래규정 개정에 따라 전문평가기관, 공인회계사 등의 의견서는 삭제될 것이다.

2) 해외직접투자 유형에 따른 사업계획서의 작성

사업계획서는 작성분량이 많으므로 이하 세세 항목별로 구분하여 보기로 한다.

가) 공통기재사항

① 해외사업투자 유형 체크

☐ 증권투자(1. 신규투자 2. 증액투자) ☐ 대부투자 ☐ 제재기관 보고후 사후신고

사업계획서 작성 시 지분투자인지, 대부투자인지에 따라 해당하는 항목을 체크한다. 지분투자인 경우 최초 지분취득뿐만 아니라, 증액투자도 신규투자에 해당하는데(규정 제9-5조 제1항), 사업계획서에서는 신규투자와 증액투자를 구분표기하고 있으므로 해당 유형에 맞게 체크한다. 또한 관련기관으로부터 제재를 받은 후 사후신고를 하는 경우에는 신고기관의 장은 제재조치에 대한 관련 서류를 추가 징구하여야 하며, 제재조치 완료 후 신규에 준하여 사후신고를 하도록 한다(지침 제9장 제1절 제1관 통칙 〈추가제출서류〉 5번).

② 투자자 현황

1. 투자자 현황

상호 또는 성명		설립연월일	
소재지(주소)			
투자자규모	□ 대기업　□ 중소기업　□ 개인사업자　□ 개인 □ 기타(비영리단체 등)		
투자자 법인성격	□ 실제영업법인　　□ 특수목적회사(SPC)[1]		
외국인투자기업[2] 여부	□ 아니오	□ 예 - 최대주주명:　　　　(지분율:　%)[3] - 최대주주 소속 국가:	
총자산	백만원	자기자본(자본금)	(　　　　)백만원
업종 (제품)		담당자 및 연락처	

주)

1. SPC는 고용, 생산활동 및 물적 실체가 거의 없으며, 자산·부채는 타국에 대한 또는 타국으로부터의 투자로 구성되고 해외직접투자자에 의해 관리되는 법인임

2. 외국인투자기업은 외국투자자가 외국인투자촉진법에 의해 출자한 기업임

3. 지분율이 50%를 초과할 경우 최대주주의 최대주주 소속국가: ＿＿＿＿＿＿＿＿
   및 최대주주명: ＿＿＿＿＿　(지분율:　%)

　투자자 현황에는 해외직접투자를 하고자 하는 투자자의 상호 또는 성명, 설립년월일, 소재지 등을 현황에 맞게 기재한다. 참고로 비영리법인은 정관에 해당 사업의 표시가 있고 관련 법령에서 인정하는 경우에만 해외직접투자가 가능하며, 해외 비영리법인에 대한 비영리법인의 해외직접투자는 불가하다(지침 제9장 제1절 제1관 통칙 〈공통확인 및 유의사항〉 6번).

③ 현지법인 현황

2. 현지법인 현황

법인명			대표자	
법인형태	□ 법인 □ 개인기업 □ 기타 □ 해외자원개발사업 (□ 법인설립 □ 법인미설립)		설립(예정)일	년 월 일 □ 자본금 미납입
총자본금			종업원수	한국인: 명, 현지인: 명
투자형태[1]	□ 단독투자 □ 공동투자 □ 합작투자(지분율: %)			
주투자자 내역	상호		사업자번호	
	대표자명		법인등록번호	
법인성격	□ 실제 영업법인 □ 특수목적회사(SPC) -최종 투자목적국: -최종 투자업종:		설립형태	□ 신설법인 설립 □ 기존법인 지분인수 -지분인수비율: % (구주: %, 신주: %)[2]
지배구조	□ 비지주회사 □ 지주회사(자회사수: 개, 주된 매출 자회사 업종:)			
투자목적 (택일)	□ 자원개발 □ 수출촉진 □ 보호무역타개 □ 저임활용 □ 선진기술 도입 □ 현지시장 진출 □ 제3국 진출			

주)
1. "공동투자"는 국내투자자와 공동으로 투자하는 경우를 말하며, "합작투자"는 비거주자와 합작으로 투자하는 경우를 말함
2. 구주 및 신주 비율의 합은 지분인수비율임

㉮ 법인명, 대표자, 설립(예정)일, 종업원수: 해외직접투자의 대상이 외국법인의 현황에 맞게 법인명, 대표자, 설립(예정)일, 종업원수 등을 기재한다.

㉯ 법인형태: 사업계획서는 현지법인의 형태를 법인 이외에도 개인기업과 기타 등으로 구분하고 있다. 이 책에서 다루고자 하는 법 제3조 제1항 제18호 가목 및 규정 제9-5조 제1항에 의한 해외직접투자는 "외국법령에 따라 설립된 외국법인"에 대한 지분투자 또는 대부투자이다. 법인 이외에 개인기업이나 기타 형태의 대상에게 지분투자 또는 대부투자를 하는 것은 법 제3조 제1항 제18호 나목 및 시행령 제8조 제2항 제2호에 따른 "거주자가 외국에서 법인 형태가 아닌 기업을 설치, 운영하기 위한 자금지급행위에 해당될 수 있다.

㉰ 총자본금: 현지법인의 납입(예정)자본금 총액을 기재한다(사업계획서 작성시 유의사항 1번). 동 자본금은 사업계획서 3. 투자방법의 "출자 후 합계금액" 및 해외직접투자 신고서상 "자본금"과 일

시하여야 한다.

㉣ 투자형태: 사업계획서는 투자형태를 단독투자, 공동투자, 합작투자로 구분하고 있는데 단독투자는 말 그대로 투자자가 단독인 경우를 말하고, 국내투자자와 공동으로 투자하는 경우가 공동투자, 비거주자와 공동으로 투자하는 경우가 합작투자이다. 합작투자의 경우에는 당해 사업에 관한 계약서를 추가로 제출해야 한다(지침 제9장 제1절 제1관 통칙 〈추가제출 서류〉 2번). 또한 금번 단독으로 투자하더라도 최종 주주 중 거주자가 포함되어 있으면 공동투자, 비거주자가 포함되어 있으면 합작투자이며, 국내투자자 및 비거주자 모두와 공동으로 투자하는 경우에는 해당 항목 모두에 체크한다.

㉤ 주투자자 내역: 단독투자의 경우에는 해당 단독투자자를, 공동투자나 합작투자의 경우에는 가장 지분율이 많은 투자자를 기재한다. 참고로 앞서 살펴본 바와 같이 지침은 동일사업에 대한 투자자가 2인 이상인 경우에는 공동으로 신고할 수 있으며 이 경우 투자비율이 가장 많은 거주자(투자비율이 같은 경우 자본금 규모가 큰 거주자)의 지정거래외국환은행에 신고하도록 하고 있다. 다만 투자자 각각의 투자비율이 10% 미만인 경우에는 동일한 지정거래외국환은행을 통하여 신고하고, 신고서는 투자자별로 작성한다(지침 제9장 제1절 제2관 〈확인 및 유의사항〉 4번). 이러한 신고 기준 및 사업계획서상 사업자번호와 법인등록번호 등을 기재하도록 하고 있는 점으로 미루어보아 여기서 말하는 주투자자란 거주자인 주투자자를 말하는 것으로 생각된다.

㉥ 법인성격: 해당 현지법인의 성격에 맞게 기재한다. 대부분 실제 영업법인일 것이나, 특수목적법인인 경우에는 실제로 투자하는 목적국과 업종을 기재한다. 또한 현지법인 신설인지, 기 설립법인의 지분을 인수하는지에 따라 해당 설립형태에 체크한다.

㉦ 지배구조: "지주회사"인 경우에는 자(손)회사 사업계획서(지침서식 제9-7호)를 추가로 제출하여야 한다.

㉧ 투자목적: 해당 투자목적에 맞게 체크한다.

④ 사업 개요 및 투자 필요성

---

4. 사업 개요 및 투자 필요성

자유양식으로 신고하려는 해외직접투자사업의 개요 및 필요성을 기재한다.

나) 해외직접투자 방식에 따른 선택 기재사항

해외직접투자 방식, 즉 지분투자인지 또는 대부투자인지에 따라 투자방법과 현지법인 자금조달 및 운용계획을 작성한다.

① 지분투자

3. 투자방법

① 지분투자

취득증권	증권종류	주수	액면		취득가액	
			주당액면	합계	주당가액	합계
	취득가액이 액면과 상이할 경우 그 산출근거[1]					

주)

1. 관련 증빙서류 필수 첨부

출자형태	① 현금		② 현물	
	③ 주식		④ 이익잉여금	
	⑤ 기술투자		⑥ 기타( )	
합계				(①+②+③+④+⑤+⑥)

출자자명		출자전		금회출자		출자후	
		금액	비율(%)	금액	비율(%)	금액	비율(%)
한국 측 (①)							
현지 측 (②)							
제3국 (③)							
합계(①+②+③)			100.0		100.0		100.0

㉮ 취득증권: 현지법인이 발행할 증권 중 신고인이 취득하게 될 증권의 내용, 즉 취득대상 주식종류와 주수, 액면가액 등을 기재한다.

  a. 증권종류: 신고인이 취득하게 될 증권의 종류(예: 보통주, 우선주, 출자증명서 등)를 기재한다. 중국, 베트남 등 주식회사가 인정되지 않는 사회주의 국가인 경우 출자증명서로 기재한다. 유의할 점은 해외직접투자는 해외법인의 "경영에 참여하고자 하는" 투자이므

로 경영에 참가할 수 없는 지분(예: 우선주 등)만을 취득하는 것은 해외직접투자 신고나 보고 대상이 아니라는 것이다(지침 제9장 제1절 제1관 통칙 〈공통확인 및 유의사항〉 11번).

b. 주수: 신고인이 취득하게 될 증권의 수량을 기재한다.

c. 액면(주당액면, 합계): 취득예정 증권의 1주당 주당액면가와 액면가액 총액을 기재하되, 중국이나 베트남 등과 같이 주식회사가 인정되지 않는 사회주의 국가인 경우 합계란만 기재한다.

d. 취득가액(주당가액, 합계): 증권의 실제 취득가액(1주당 가액과 총 취득가액)을 기재한다. 이때 취득예정인 현지법인 주식 또는 지분의 액면가액과 취득가액이 상이한 경우에는 차액의 적정성을 확인하기 위하여 전문평가기관, 공인회계사 등의 의견(평가서, 의견서)을 제출하며, 다만 인수하고자 하는 법인이 상장법인으로 동 취득가액이 거래시세와 크게 차이가 없을 경우 거래시세 관련 자료 첨부로 갈음할 수 있다(지침 제9장 제1절 제1관 통칙 〈추가제출서류〉 6번). 다만 금번 규정 개정으로 인하여 주식투자를 통한 해외직접투자 시 회계법인의 주식평가의견서 제출 의무는 삭제되었으므로 2023. 7. 4. 이후에는 이러한 평가서는 제출 의무가 없다.

e. 출자형태: 현금, 현물, 주식 등 해당 출자형태에 맞는 항목을 선택한다. 현금은 신고인이 현금으로 투자하는 경우를, 현물이란 신고인이 기계장치나 집기 등을 투자하는 경우를 말한다. 주식은 국내유가증권시장에 상장 또는 등록된 주식 및 비상장주식으로 투자하는 경우이고, 이익잉여금이란 현지법인의 이익잉여금으로 투자하는 경우를 말한다. 기술투자란 신고인이 기술을 제공하고 그 대가로 출자지분을 인정받는 경우를 말한다(사업계획서 작성시 유의사항 3번).

※ 현물투자의 경우 현물투자명세표 2부를 제출하는데, 지정거래 외국환은행은 1부는 보관, 나머지 1부는 신고수리서에 첨부하고 간인하여 교부하게 된다(세관 통관 시 사용). 또한 현물투자명세표상의 원화표시 현물가액을 외화로 환산할 때에는 신고서 접수일의 시장평균환율(매매기준율)을 적용하여야 한다(지침 제9장 제1절 제1관 통칙 〈추가제출서류〉 3번 및 〈공통확인 및 유의사항〉 4번).

f. 출자자명 등

- 출자자명: 한국 측과 현지 측의 투자자 상호(개인인 경우 개인성명)를 기재하되 투자자가 2인 이상인 경우 각각의 투자자별로 기재한다.

- 출자 전 금액 및 비율: 기존법인의 지분을 인수하거나 기 설립된 현지법인의 자본금을

종액투자하는 경우에만 기재하고 신규법인 실립 시 생략한다.

- 금회출자 금액 및 비율: 금번 투자할 출자금액과 비율을 기재하여 기존법인의 지분을
  인수하는 경우에는 양수인 측의 투자금액만큼 양도인 측의 투자금액이 감소하게
  된다.

- 출자금액 및 비율: 출자전과 금회출자를 종합하여 최종적으로 나타나게 되는 자본금
  의 구성내역을 기재한다.

※ 출자전, 금회출자, 출자 후의 금액은 모두 액면가액을 기준으로 작성하며, 출자 후 합
  계금액과 2. 현지법인현황의 "총자본금" 및 해투신고서상 "자본금"은 모두 일치해야
  한다.

② 대부투자

② 대부투자

대부액		자금용도		
이율		기간		
원금상환방법		이자징수방법	□ 연 1회 □ 연 2회	
대부자금 조달방법	자기자금		차입금	

대부투자인 경우 대부액, 자금용도, 이율 등을 해당 대부조건에 맞게 기재
한다.

③ 현지법인 자금조달 및 운용계획

5. 현지법인 자금조달 및 운용계획

(단위: 미불)

자금운용		자금조달	
항목	금액	항목	금액
토지 건물 기계설비 운영자금		차입금 자본금	

※ 자금운용금액과 자금조달금액의 합은 일치하여야 함

㉮ 자금운용: 국내투자자의 출자 전과 금회출자를 종합하여 최종적으로 나타나게 되는 자본금으로서, 현지법인에서 운용할 항목(토지, 건물, 기계설비, 운영자금)을 각각 금액으로 기재한다.

㉯ 자금조달: 국내투자자가 차입금과 자본금 등으로 조달할 금액을 기재한다. 지분투자의 경우 자본금 항목에, 대부투자의 경우 차입금 항목에 기재하며 자금운용금액과 자금조달금액의 합은 일치하여야 한다.

3) 작성례

이하에서는 해외직접투자 유형별로 사업계획서 작성례를 살펴본다.

가) 최초 신규 지분투자

CASE 1: 해외직접투자 최초 신규 지분투자 신고 개요

신고인(투자자): ㈜리오

투자대상 현지법인: LIOH AMERICA CO.

투자방법: 지분투자(공동투자, 합작투자)

투자금액(취득가액): USD 2,000,000

액면가액: USD 1,000,000

앞서 살펴본 해외직접투자 최초 신규 지분투자의 사례와 관련한 사업계획서는 다음과 같이 작성한다.

사업계획서

□ 증권투자(1. 신규투자 2. 증액투자)   □ 대부투자   □ 제재기관 보고후 사후신고

1. 투자자 현황

상호 또는 성명	(주)리오	설립연월일	2003년 3월 1일
소재지(주소)	서울시 강남구 영동대로 517		
투자자규모	☑ 대기업 □ 중소기업 □ 개인사업자 □ 개인 □ 기타(비영리단체 등)		
투자자 법인성격	☑ 실제영업법인 □ 특수목적회사(SPC)[1]		
외국인투자기업[2] 여부	☑ 아니오	□ 예 - 최대주주명: (지분율: %)[3] - 최대주주 소속 국가:	
총자산	501,560백만원	자기자본(자본금)	169,370(23,315)백만원
업종 (제품)	치과용 기기 제조업 (치과용 의료기기)	담당자 및 연락처	오정현 (02-123-4567)

주)

1. SPC는 고용, 생산활동 및 물적 실체가 거의 없으며, 자산·부채는 타국에 대한 또는 타국으로부터의 투자로 구성되고 해외직접투자자에 의해 관리되는 법인임

2. 외국인투자기업은 외국투자자가 외국인투자촉진법에 의해 출자한 기업임

3. 지분율이 50%를 초과할 경우 최대주주의 최대주주 소속국가: _____

   및 최대주주명: _____ (지분율: %)

---

15 2023. 7. 4. 자 외국환거래규정 개정에 따라 동 보고서 제출 의무는 삭제되었다.

2. 현지법인 현황

법인명	LIOH AMERICA CO.	대표자	Billy Jean
법인형태	☑ 법인 □ 개인기업 □ 기타 □ 해외자원개발사업 (□ 법인설립 □ 법인미설립)	설립(예정)일	2008년 7월 31일 □ 자본금 미납입
총자본금	**USD 2,000,000**	종업원수	한국인: 3명, 현지인: 9명
투자형태[1]	□ 단독투자 ☑ **공동투자** ☑ **합작투자(지분율: 50.0%)**		
주투자자 내역	상호 (주)리오	사업자번호	123-45-67890
	대표자명 김길동	법인등록번호	123456-1234567
법인성격	☑ 실제 영업법인 □ 특수목적회사(SPC) -최종 투자목적국: -최종 투자업종:	설립형태	□ 신설법인 설립 ☑ **기존법인 지분인수** **-지분인수비율: 100%** **(구주:　%, 신주: 100%)[2]**
지배구조	☑ **비지주회사** □ **지주회사(자회사수:　개, 주된 매출 자회사 업종:　)**		
투자목적 (택일)	□ 자원개발　　□ 수출촉진　　□ 보호무역타개　　□ 저임활용 □ 선진기술 도입 ☑ 현지시장 진출 □ 제3국 진출		

주)

1. "공동투자"는 국내투자자와 공동으로 투자하는 경우를 말하며, "합작투자"는 비거주자와 합작으로 투자하는 경우를 말함

2. 구주 및 신주 비율의 합은 지분인수비율임

3. 투자방법

① 지분투자

취득증권	증권종류	주수	액면		취득가액	
			주당액면	합계	주당가액	합계
	보통주	1,000,000	USD 1	USD 1,000,000	USD 2	USD 2,000,000
	취득가액이 액면과 상이할 경우 그 산출근거[1]		**주식가치(취득가액)에 관한 회계법인 평가보고서 첨부[15]**			

주)

1. 관련 증빙서류 필수 첨부

출자형태	① 현금	USD 2,000,000	② 현물	
	③ 주식		④ 이익잉여금	
	⑤ 기술투자		⑥ 기타(　)	
합계				(①+②+③+④+⑤+⑥)

출자자명		출자전 **(액면가액 기준)**		금회출자 **(액면가액 기준)**		출자후 **(액면가액 기준)**	
		금액	비율(%)	금액	비율(%)	금액	비율(%)
한국 측 ①	(주)리오	–	–	1,000,000	100.0	1,000,000	50.0
	(주)한국기공 **(공동투자자)**	500,000	50.0	–	–	500,000	25.0
현지 측 ②	ABC COMPANY **(합작투자자)**	500,000	50.0	–	–	500,000	25.0
제3국 ③							
합계(①+②+③)		1,000,000	100.0	1,000,000	100.0	2,000,000	100.0

② 대부투자

대부액			자금용도		
이율			기간		
원금상환방법			이자징수방법	□ 연 1회	□ 연 2회
대부자금 조달방법	자기자금			차입금	

4. 사업 개요 및 투자 필요성

5. 현지법인 자금조달 및 운용계획

(단위: 미불)

자금운용		자금조달	
항목	금액	항목	금액
토지 건물 기계설비 운영자금	USD 2,000,000	차입금 자본금 및 자본잉여금	USD 2,000,000

※ 자금운용금액과 자금조달금액의 합은 일치하여야 함

나) 내부투사

대부투자와 관련한 사업계획서는 다음과 같이 작성한다.

사업계획서

☐ 증권투자(1. 신규투자 2. 증액투자)   ☑ 대부투자   ☐ 제재기관 보고후 사후신고

1. 투자자 현황

상호 또는 성명	(주)리오	설립연월일	2003년 3월 1일
소재지(주소)	서울시 강남구 영동대로 517		
투자자규모	☑ 대기업 ☐ 중소기업 ☐ 개인사업자 ☐ 개인 ☐ 기타(비영리단체 등)		
투자자 법인성격	☑ 실제영업법인 ☐ 특수목적회사(SPC)[1]		
외국인투자기업[2] 여부	☑ 아니오	☐ 예 - 최대주주명: (지분율: %)[3] - 최대주주 소속 국가:	
총자산	501,560백만원	자기자본(자본금)	169,370(23,315)백만원
업종 (제품)	치과용 기기 제조업 (치과용 의료기기)	담당자 및 연락처	오정현 (02-123-4567)

주)
1. SPC는 고용, 생산활동 및 물적 실체가 거의 없으며, 자산·부채는 타국에 대한 또는 타국으로부터의 투자로 구성되고 해외직접투자자에 의해 관리되는 법인임
2. 외국인투자기업은 외국투자자가 외국인투자촉진법에 의해 출자한 기업임
3. 지분율이 50%를 초과할 경우 최대주주의 최대주주 소속국가: _____
   및 최대주주명: _____ (지분율: %)

2. 현지법인 현황

법인명	LIOH AMERICA CO.		대표자	Billy Jean	
법인형태	☑ 법인 □ 개인기업 □ 기타 □ 해외자원개발사업 (□ 법인설립 □ 법인미설립)		설립(예정)일	2008년 7월 31일	
총자본금	**USD 3,000,000**		종업원수	한국인: 3명, 현지인: 9명	
투자형태[1]	☑ 단독투자 □ 공동투자 □ 합작투자(지분율: 66.7%)				
주투자자 내역	상호	(주)리오		사업자번호	123-45-67890
	대표자명	김길동		법인등록번호	123456-1234567
법인성격	☑ 실제 영업법인 □ 특수목적회사(SPC) -최종 투자목적국: -최종 투자업종:		설립형태	□ 신설법인 설립 □ 기존법인 지분인수 -지분인수비율: 100% (구주: %, 신주: 100%)[2]	
지배구조	☑ 비지주회사 □ 지주회사(자회사수: 개, 주된 매출 자회사 업종:)				
투자목적 (택일)	□ 자원개발 □ 수출촉진 □ 보호무역타개 □ 저임활용 □ 선진기술 도입 ☑ 현지시장 진출 □ 제3국 진출				

주)

1. "공동투자"는 국내투자자와 공동으로 투자하는 경우를 말하며, "합작투자"는 비거주자와 합작으로 투자하는 경우를 말함

2. 구주 및 신주 비율의 합은 지분인수비율임

3. 투자방법

① 지분투자 ← 대부투자의 경우 공란으로 둠

취득증권	증권종류	주수	액면		취득가액	
			주당액면	합계	주당가액	합계
	취득가액이 액면과 상이할 경우 그 산출근거[1]					

주)

1. 관련 증빙서류 필수 첨부

출자형태	① 현금		② 현물	
	③ 주식		④ 이익잉여금	
	⑤ 기술투자		⑥ 기타( )	
합계				(①+②+③+④+⑤+⑥)

출자자명		출자전		금회출자		출자후	
		금액	비율(%)	금액	비율(%)	금액	비율(%)
한국 측 (①)							
현지 측 (②)							
제3국 (③)							
합계(①+②+③)							

② 대부투자

대부액	USD 500,000		자금용도	운영자금	
이율	연 4.50%		기간	1년	
원금상환방법	만기일시상환		이자징수방법	□ 연 1회 ☑ 연 2회	
대부자금 조달방법	자기자금	USD 500,000	차입금		

4. 사업 개요 및 투자 필요성

자유양식으로 작성

5. 현지법인 자금조달 및 운용계획

(단위: 미불)

자금운용		자금조달	
항목	금액	항목	금액
토지 건물 기계설비 운영자금	USD 500,000	차입금 자본금 및 자본잉여금	USD 500,000

※ 자금운용금액과 자금조달금액의 합은 일치하여야 함

다) 증액투자

CASE 3: 해외직접투자 지분투자(증액) 신고

신고인(투자자): ㈜리오

투자대상 현지법인: LIOH AMERICA CO.

투자방법: 지분투자

투자금액(취득가액): USD 2,000,000

액면가액: USD 1,000,000

지분이나 출자지분의 추가취득을 통한 증액투자 시 사업계획서 작성례는 다음과 같으며 증액출자 전과 금번 증액출자, 증액출자 후의 내용이 반영되어야 함에 주의한다.

사업계획서

☑ 증권투자(1. 신규투자 **2. 증액투자**)　　□ 대부투자　　□ 제재기관 보고후 사후신고

1. 투자자 현황

상호 또는 성명	(주)리오	설립연월일	2003년 3월 1일
소재지(주소)	서울시 강남구 영동대로 517		
투자자규모	☑ 대기업　□ 중소기업　□ 개인사업자　□ 개인 □ 기타(비영리단체 등)		
투자자 법인성격	☑ 실제영업법인　　　□ 특수목적회사(SPC)[1]		
외국인투자기업[2] 여부	☑ 아니오	□ 예 - 최대주주명:　　　(지분율:　%)[3] - 최대주주 소속 국가:	
총자산	501,560백만원	자기자본(자본금)	169,370(23,315)백만원
업종 (제품)	치과용 기기 제조업 (치과용 의료기기)	담당자 및 연락처	오정현 (02-123-4567)

주)

1. SPC는 고용, 생산활동 및 물적 실체가 거의 없으며, 자산·부채는 타국에 대한 또는 타국으로부터의 투자로 구성되
  고 해외직접투자자에 의해 관리되는 법인임

2. 외국인투자기업은 외국투자자가 외국인투자촉진법에 의해 출자한 기업임

3. 지분율이 50%를 초과할 경우 최대주주의 최대주주 소속국가: ＿＿＿＿＿＿＿

  및 최대주주명: ＿＿＿＿　(지분율:　%)

2. 현지법인 현황

법인명	LIOH AMERICA CO.	대표자	Billy Jean
법인형태	☑ 법인 □ 개인기업 □ 기타 □ 해외자원개발사업 (□ 법인설립 □ 법인미설립)	설립(예정)일	2008년 7월 31일
총자본금	**USD 3,000,000**	종업원수	한국인: 3명, 현지인: 9명

투자형태[1]	□ 단독투자 ☑ 공동투자 ☑ 합작투자(지분율: 66.7%)		
주투자자 내역	상호	(주)리오	사업자번호	123-45-67890
	대표자명	김길동	법인등록번호	123456-1234567

법인성격	☑ 실제 영업법인 □ 특수목적회사(SPC) -최종 투자목적국: -최종 투자업종:	설립형태	□ 신설법인 설립 ☑ **기존법인 지분인수** **-지분인수비율: 100%** **(구주: %, 신주: 100%)[2]**
지배구조	☑ 비지주회사 □ 지주회사(자회사수: 개, 주된 매출 자회사 업종:)		
투자목적 (택일)	□ 자원개발 □ 수출촉진 □ 보호무역타개 □ 저임활용 □ 선진기술 도입 ☑ 현지시장 진출 □ 제3국 진출		

주)

1. "공동투자"는 국내투자자와 공동으로 투자하는 경우를 말하며, "합작투자"는 비거주자와 합작으로 투자하는 경우를 말함

2. 구주 및 신주 비율의 합은 지분인수비율임

3. 투자방법

① 지분투자

취득증권	증권종류	주수	액면		취득가액	
			주당액면	합계	주당가액	합계
	보통주	1,000,000	USD 1	USD 1,000,000	USD 2	USD 2,000,000
	취득가액이 액면과 상이할 경우 그 산출근거[1]		**주식가치(취득가액)에 관한 회계법인 평가보고서 첨부**			

주)

1. 관련 증빙서류 필수 첨부

출자형태	① 현금	USD 2,000,000	② 현물	
	③ 주식		④ 이익잉여금	
	⑤ 기술투자		⑥ 기타( )	
합계				(①+②+③+④+⑤+⑥)

출자자명		출자전 (액면가액 기준)		금회출자 (액면가액 기준)		출자후 (액면가액 기준)	
		금액	비율(%)	금액	비율(%)	금액	비율(%)
한국 측 (①)	(주)리오	1,000,000	50.0	1,000,000	100.0	2,000,000	66.7
	(주)한국기공 (공동투자자)	500,000	25.0	–	–	500,000	16.6
현지 측 (②)	ABC COMPANY (합작투자자)	500,000	25.0	–	–	500,000	16.6
제3국 (③)							
합계(①+②+③)		2,000,000	100.0	1,000,000	100.0	3,000,000	100.0

② 대부투자

대부액			자금용도		
이율			기간		
원금상환방법			이자징수방법	☐ 연 1회	☐ 연 2회
대부자금 조달방법	자기자금			차입금	

4. 사업 개요 및 투자 필요성

자유양식으로 작성

5. 현지법인 자금조달 및 운용계획

(단위: 미불)

자금운용		자금조달	
항목	금액	항목	금액
토지 건물 기계설비 운영자금	USD 2,000,000	차입금 자본금 및 자본잉여금	USD 2,000,000

※ 자금운용금액과 자금조달금액의 합은 일치하여야 함

4. 해외직접투자자의 신용유의정보가 등록되지 않음을 확인할 수 있는 서류

앞서 살펴본 해외직접투자 신고서(보고서)와 사업계획서 이외에 공통제출 서류 중의 하나로 제출하여야 하는 서류가 투자자의 신용정보 확인 서류 이다.

가. 관련 규정

【규정】

제2관 금융기관을 제외한 거주자의 해외직접투자

제9-5조(해외직접투자의 신고 등)

③ 해외직접투자를 하고자 하는 자는 별지 제9-1호 서식의 해외직접투자 신고서(보고서)에 다음 각호의 서류를 첨부하여 당해 신고기관에 제출하여야 한다.

:

4. 해외직접투자를 하고자 하는 자가 「신용정보의이용및보호에관한법률」에 의한 금융거래 등 상거래에 있어서 약정한 기일 내에 채무를 변제하지 아니한 자로서 종합신용정보 집중기관에 등록되어 있지 않음을 입증하는 서류. 다만, 「회사정리법」 또는 「화의법」에 의하여 정리절차가 진행되고 있는 기업체가 기존의 유휴설비나 보유기술을 투자하거나 관련 법령이 정한 법원 또는 채권관리단의 결정에 의한 경우에는 그러하지 아니하다.

제9장 제1절 제1관 <공통확인 및 유의사항>

1. 다음 각목의 1에 해당되지 않아야 함

가. 다음 각 항의 1에 해당하는 자가 신용정보의이용및보호에관한법률에 의한 금융거래 등 상거래에 있어서 약정한 기일 내에 채무를 변제하지 아니한 자로서 종합신용정보집중기관에 등록된 자인지 여부 및 조세체납자인지 여부를 신고 및 송금시점에서 당사자의 신용정보 출력과 납세증명서(관할세무서장 발행) 징구에 의해 확인하여야 함. 다만, 신용정보관리규약상 그 등록사유가 해제된 경우 및 채무자회생및파산에관한법률(통합도산법)에 의하여 정리절차가 진행되고 있는 기업체가 기존의 유휴설비나 보유기술을 투자하거나 관련 법령이 정한 법원 또는 채권관리단(채권자협의회 포함)의 결정에 의한 경우에는 그러하지 아니함
① 해외직접투자를 하고자 하는 기업체 및 동 기업체의 대표자. 단, 납세증명서의 경우 기업체의 대표자는 징구생략하며 고용대표자임을 입증할 수 있는 서류를 제출하는 경우 대표자의 신용정보 출력 생략 가능
② 투자자가 개인인 경우에는 동 개인

해외직접투자자는 신용유의정보가 등록된 자가 아니어야 한다(규정 제9-5조 제3항 제4호). 실무적으로 이를 입증하는 서류는 지정거래 외국환은행이 신고인에 대한 신용유의정보를 확인, 출력하는 방식에 의한다. 또한 이의 확인은 신고 및 송금시점 각각마다 이루어져야 한다(지침 제9장 제1절 제1관 <공통확인 및 유의사항> 1. 가).

해외직접투자자가 법인인 경우 법인의 신용유의정보는 동의서 없이 조회와 출력이 가능하나, 법인 대표자의 경우에는 고용대표자가 아닌 자, 즉 다음과 같이 대표자가 법인의 실질 소유주인 경우에만 당해 개인의 신용정보 조회동의서를 징구하고 조회 가능하다.

【대표자가 법인의 실질 소유주인 경우】

법인의 실질 소유주인 대표자	비고
1) 법인의 경영을 사실상 지배하고 있는대표이사	단, 고용임원은 실질 소유주 아님
2) 해당 법인의 가장 많은 지분을 보유한 대표이사	= 최대주주인 대표이사
3) 해당 법인의 의결권 있는 발행주식 총수의 30%를 초과하여 보유하고 있는 대표이사	대표이사의 배우자, 4촌 이내의 혈족&인척이 보유한 의결권 있는 발행 주식 모두 합산하여 30% 초과

5. 조세체납이 없음을 확인할 수 있는 서류

해외직접투자자가 조세체납이 없음을 입증하는 서류도 공통제출서류 중의 하나이다(규정 제9-5조 제3항 제5호).

가. 관련 규정

【규정】

제2관 금융기관을 제외한 거주자의 해외직접투자

제9-5조(해외직접투자의 신고 등)
③ 해외직접투자를 하고자 하는 자는 별지 제9-1호 서식의 해외직접투자 신고서(보고서)에 대음 각호의 서류를 첨부하여 당해 신고기관에 제출하여야 한다.
:
　5. 조세체납이 없음을 입증하는 서류

【지침】

제9장 제1절 제1관 <공통확인 및 유의사항>

1. 다음 각목의 1에 해당되지 않아야 함

가. 다음 각 항의 1에 해당하는 자가 … 조세체납자인지 여부를 신고 및 송금시점에서 … 납
　세증명서(관할세무서장 발행) 징구에 의해 확인하여야 함.
① 해외직접투자를 하고자 하는 기업체 및 동 기업체의 대표자. 단, 납세증명서의 경우 기업
　체의 대표자는 징구생략하며 고용대표자임을 입증할 수 있는 서류를 제출하는 경우 대표
　자의 신용정보 출력 생략 가능
② 투자자가 개인인 경우에는 동 개인

　"조세체납이 없음을 확인할 수 있는 서류"에는 신고인의 납세증명서(세무서
발급)와 지방세 납세증명서(구청발급)가 있으며, 이 역시 상기 신용유의정보 확
인과 마찬가지로 해외직접투자 신고 시 및 송금 시마다 확인하여야 한다.
단, 납세증명서의 경우 기업체의 대표자는 징구생략 가능하다(지침 제9장 제1절
제1관 <공통확인 및 유의사항> 1. 가①).

6. 기타 신고기관의 장이 필요하다고
   인정하는 서류

마지막 공통제출서류로는 기타 신고기관의 장이 필요하다고 인정하는 서류가 있다.

가. 관련 규정

【규정】

제2관 금융기관을 제외한 거주자의 해외직접투자

제9-5조(해외직접투자의 신고 등)

③ 해외직접투자를 하고자 하는 자는 별지 제9-1호 서식의 해외직접투자 신고서(보고서)에
   대음 각호의 서류를 첨부하여 당해 신고기관에 제출하여야 한다.

   :

   6. 기타 신고기관의 장이 필요하다고 인정하는 서류

【지침】

제9장 제1절 제1관 < 공통제출서류 >

3. 사업자등록증사본 등
  - 투자자가 법인인 경우:사업자등록증 사본, 납세증명서(관할세무서장 발행)
  - 투자자가 개인사업자인 경우:사업자등록증 사본, 주민등록등본, 납세증명서(관할세무서장 발행)
  - 투자자가 개인인 경우:주민등록등본, 납세증명서(관할세무서장 발행)
※ 상기 서류 중 사업자등록증사본은 최근 1년 이내 제출한 사실이 있을 경우 그 징구를 생략할 수 있음

기타 신고기관의 장이 필요하다고 인정하는 서류도 제출 대상이다(규정 제9-5조 제3항 제6호). 지침에서 정하는 서류 이외에도 지정거래 외국환은행이 필요하다고 생각하여 징구하는 서류의 예로는 다음과 같은 것들이 있다.

○ 신고인 법인등기부등본
○ 신고인 법인인감증명서
○ 신고인 주주명부: 전자공시 대상회사인 경우 생략(대표자가 법인의 실질 소유주인지 여부를 확인하기 위해 징구)
○ 대리인 신분증, 사원증(명함) 사본
○ 법인 대표자 개인(신용)정보 조회 동의서(4-3-1호): 대표자가 법인의 실질 소유주인 경우
○ 법인 대표자 신분증 사본: 대표자가 법인의 실질 소유주인 경우

7. 해외직접투자 방식에 따른 개별 필요서류

지금까지 해외직접투자 방식에 상관없이 제출하여야 하는 공통제출서류를 살펴보았다. 이제부터는 해외직접투자 방식별로 요구되는 개별 필요서류를 살펴본다.

가. 지분투자

1) 관련 규정

【개정 전 규정】

제2관 금융기관을 제외한 거주자의 해외직접투자

제9-5조(해외직접투자의 신고 등)
③ 해외직접투자를 하고자 하는 자는 별지 제9-1호 서식의 해외직접투자 신고서(보고서)에 대음 각호의 서류를 첨부하여 당해 신고기관에 제출하여야 한다.
：
　3. 주식을 통한 해외직접투자인 경우에는 「공인회계사법」에 의한 회계법인의 주식평가에 관한 의견서

【개정 후 규정】

제2관 금융기관을 제외한 거주자의 해외직접투자

제9-5조(해외직접투자의 신고 등)

③ 해외직접투자를 하고자 하는 자는 별지 제9-1호 서식의 해외직접투자 신고서(보고서)에
　대음 각호의 서류를 첨부하여 당해 신고기관에 제출하여야 한다.
　∶
　3. <삭제>

【지침】

제9장 제1절 제1관 <추가제출서류>

4. 주식을 통한 해외직접투자인 경우에는 공인회계사법에 의한 회계법인의 주식평가에 관한
의견서
　∶
6. 취득예정인 현지법인 주식 또는 지분의 액면가액과 취득가액이 상이한 해외직접투자의
　경우 차액의 적정성을 확인하기 위하여 전문평가기관, 공인회계사 등의 의견(평가서, 의견
　서)을 제출받아야 함
☞ 다만 인수하고자 하는 법인이 상장법인으로 동 취득가액이 거래시세와 크게 차이가 없을
　경우 거래시세 관련 자료 첨부로 갈음 가능

　　2023. 7. 4. 자 전에는 지분투자를 통한 해외직접투자인 경우 「공인회계사
법」에 의한 회계법인의 주식평가에 관한 의견서를 추가로 제출하여야 하였
다(개전 전 규정 제9-5조 제3항 제3호). 해외직접투자를 통하여 취득예정인 현지법
인 주식 또는 지분의 액면가액과 취득가액이 상이한 경우에는 차액의 적정
성을 확인하기 위하여 전문평가기관, 공인회계사 등의 의견(평가서, 의견서)을
제출하도록 한 것이었다. 이 경우에도 인수하고자 하는 법인이 상장법인으
로 동 취득가액이 거래시세와 크게 차이가 없을 경우 거래시세 관련 자료 첨
부로 갈음할 수 있도록 하였다(지침 제9장 제1절 제1관 <추가제출서류> 6번). 그러

나 2023. 7. 4. 자 외국환거래규정 개정으로 인하여 이러한 주식평가 의견서 제출 의무는 삭제되었다.

규정 제7-31조 제2항에 의거 한국은행총재 앞 증권취득 신고 후 증액투자 등으로 해외직접투자규정에 해당하는 경우 한국은행 증권취득신고필증을 첨부하여 신청하여야 한다(지침 제9장 제1절 제1관 〈공통확인 및 유의사항〉 9번).

나. 대부투자

대부투자를 통한 해외직접투자의 경우 금전대차계약서를 제출한다(지침 제9장 제1절 제1관 〈추가제출서류〉 1번). 또한 규정 제7-16조 제1항에 의거 거주자의 현지법인에 대한 상환기간 1년 미만의 대출을 신고한 자가 당초 신고한 상환기간의 연장으로 인하여 대출기간이 1년 이상이 되는 경우 금전의 대차계약신고필증을 첨부하여 신고하여야 한다(지침 제9장 제1절 제1관 〈공통확인 및 유의사항〉 12번).

【외국환거래 위반사례 ⑤】

○ 위규사례 31번: 금전대차 만기가 1년 미만에서 1년 이상으로 연장된 경우 신고 누락

- 위규내역: 거주자 ○○○은 ① 지정거래외국환은행장 앞 금전대차 신고 후 해외직접투자한 베트남 소재 현지법인 △△△에 대출(대여) 기간을 10개월로 하여 130만 달러를 대출(대여) 하였는데, ② 대출기간을 5년으로 연장하였는데도 지정거래외국환은행장에게 해외직접투자(대부투자) 신고를 하지 않음
→ 해외직접투자 신고 누락(규정 제9-5조, 외국환거래법 시행령 제8조)
- 유의사항: 해외직접투자한 거주자가 해당 외국법인과 체결한 금전대차계약의 상환기간이 1년 이상으로 연장된 경우 금전대차에 관한 신고를 하였다 하더라도 외국환은행장에게 해외직접투자(대부투자) 신고하여야 함
- 은행은 금전대차계약 상환기간을 1년 이상으로 연장 시 해외직접투자대상이 될 수 있음을 충분히 안내

(금융감독원, 외국환거래위반사례집, 2019. 11., p. 120)

---

8. 예외적 사후보고

상기와 같이 해외직접투자는 원칙적으로 신고사항이다. 그러나 투자금이 국내로부터 외국환 반출 방식이 아닌 경우와 투자금액이 미미한 경우에는 사후보고할 수 있다.

가. 관련 규정

【개정 전 규정】

제9-5조(해외직접투자의 신고 등)

① 거주자가 … 신고하여야 한다. 다만, 이미 투자한 외국법인이 자체이익유보금 또는 자본잉여금으로 증액투자하는 경우에는 사후에 보고할 수 있으며, 누적 투자금액이 미화 50만 불 이내에서의 투자의 경우에는 투자금의 지급이 있는 날로부터 1개월 이내에 사후보고 할 수 있다.

【개정 후 규정】

제9-5조(해외직접투자의 신고 등)

② 제1항의 규정에도 불구하고, 거주자가 다음 각호의 1에 해당하는 해외직접투자를 하고자 하는 경우에는 거래가 있은 날로부터 3개월 이내에 사후보고를 할 수 있다.

1. 거주자가 해외직접투자를 한 거주자로부터 당해 주식 또는 지분을 양수받아 해외직접투자를 하고자 하는 경우

2. 이미 투자한 외국법인이 자체이익 유보금 또는 자본잉여금으로 증액투자하는 경우

3. 누적 투자금액이 미화 50만불 이내에서의 투자

【지침】

제9장 제1절 제2관 항목 3

<사후보고 방식에 의한 거주자의 해외직접투자 (규정 제9-5조 제1항)>

누적 투자금액이 50만불 이내에서 투자금 지급이 있는 날로부터 1개월 이내 사후보고하고자 하는 경우

○ 제출서류

[투자금 지급 시 제출서류]

1. 제1절 공통제출서류 중 제3호(사업자등록증 사본 등)
2. 규정 제9-5조 제3항 제4호에 해당하는 서류(신용유의정보 확인 서류)

[사후보고 시 제출서류]

1. 제1절 공통제출서류 및 추가제출서류(단, 투자금 지급시 제출서류 제외)

○ 확인 및 유의사항

1. 제1절 공통확인 및 유의사항 참조
2. 자행이 지침서식 제1-2호에 의한 지정거래외국환은행으로 등록되어 있는지 여부
3. 거래외국환은행의 지정은 투자사업별이 아닌 투자자별로 함
4. 본 항목의 투자자금은 대외지급수단의 송금방식에 한함
5. 본 항목에 해당하는 경우에는 규정 제4-2호 및 제4-3호에도 불구하고 투자금을 사전에 송금할 수 있음
6. 사업계획서(지침서식 제9-1호)는 투자금지급 시에는 제출을 생략하는 대신 사후보고 시에는 제출하여야 함

☞ 본 항목은 증액투자 및 대부투자의 경우에는 적용하지 않음

2023. 7. 4. 자 개정 외국환거래규정은 기존에도 사후보고 대상이었던 자체유보금 등으로 증액투자를 하는 경우와 누적 투자금액이 미화 50만불 이하인 해외직접투자를 거주자 간 주식 또는 지분 양·수도와 함께 별도의 항으로 분리 규정하였다. 이러한 거주자 간 해외직접투자 주식 또는 지분의 양·수도, 현지법인의 주식 취득 등은 국경 간 자금이동 효과가 없어 모니터링 필요성이 상대적으로 적기 때문이다. 동시에 기존의 사후보고 시한을 1개월에서 3개월로 연장하였다. 이하에서는 앞서 살펴본 거주자 간 주식 또는 지분 양·수도 이외의 사유만을 살펴본다.

나. 기투자한 외국법인이 자체유보금 등으로 증액투자하는 경우

기투자한 외국법인이 자체유보금 등으로 증액투자하는 것은 실질적으로 국내에서의 외국환 반출 등이 일어나지 않는다. 이에 규정은 이러한 국경 간 자금이동이 없는 경우 사후보고하도록 하고 있다.

다. 누적 투자금액이 미화 50만불 이내에서의 투자인 경우

해외직접투자금은 원칙적으로 사전신고를 이행한 후에야 송금할 수 있다. 그러나 해외직접투자금이 미미한 경우에는 먼저 투자금을 송금하고 사후보고할 수 있도록 하고 있다(규정 제9-5조 제1항 단서). 동 기준금액은 누적 투자금액 미화 50만불을 말하며 이때 누적 투자금액은 투자자별 2015. 1. 1.

이후 누계 기준이다(시침 제9상 제1절 제2관 항목 3 / 내봉). 이에 따른 투자금 지급 시에는 사업자등록증 사본 등 기타 신고기관이 필요하다고 인정하는 서류와 신용·유의정보 확인서류를 제출하여야 하며, 사후보고 시에는 정식 신고 시 제출하여야 하는 서류를 제출한다. 다만 투자금 지급 시 기제출한 서류는 제외한다. 주의할 점은 동 항목은 증액투자 및 대부투자의 경우에는 적용하지 않는다는 것이다.

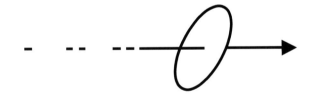

IV
해외직접투자의
변경보고

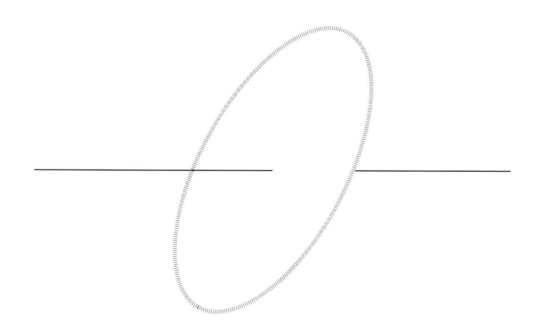

1. 변경보고

기신고 또는 보고한 해외직접투자 내용이 변경되는 경우에는 변경사유가 발생한 회계기간 종료 후 5개월 이내에 당해 신고기관의 장에게 보고하여야 한다(규정 제9-9조 제1항 제8호). 기존에는 거주자 간 지분 양·수도의 경우와 함께 제반 변경사유에 대한 보고 기한을 변경사유 발생일로부터 3개월까지로 하였으나, 2023. 7. 4. 자 규정 개정으로 거주자 간 지분 양·수도는 기존과 동일하게 변경사유 발생일로부터 3개월로 하되(규정 제9-9조 제1항 제9호), 그 외의 변경은 변경사항 발생 당해 회계연도 종료 후 5월 이내로 대폭 연장하고, 일괄 정기보고 대상으로 통합하였다(규정 제9-9조 제1항 제8호). 동시에 이와 같이 수시보고 의무를 폐지하고, 일괄보고 사항으로 통합변경을 반영하여 기존 제9-5조 제2항의 내용은 모두 삭제하고 제9-9조로 내용을 이동하였다.

한편 해외직접투자는 행위별, 행위자별 규제 방식을 채택하고 있어 하나의 해외직접투자 행위가 신규신고와 변경보고 또는 변경보고와 청산보고 각각의 대상이 되는 경우가 많다. 따라서 어느 해외직접투자 행위로 신규신고와 변경보고 또는 청산보고 모두에 해당되는 경우에는 각 사항을 모두 준수하여야 한다.

가. 관련 규정

【외국환거래법】

제20조(보고, 검사)

① 기획재정부장관은 이 법의 실효성을 확보하기 위하여 거래 당사자 또는 관계인으로 하여금 필요한 보고를 하게 할 수 있으며, 비거주자에 대한 채권을 보유하고 있는 거주자로 하여금 대통령령으로 정하는 바에 따라 그 보유채권의 현황을 기획재정부 장관에게 보고하게 할 수 있다.

【개정 전 규정】

제9-5조(해외직접투자의 신고 등)

② 거주자가 제1항의 규정에 의하여 신고하거나 보고한 내용을 변경하는 경우(현지법인의 영 제8조 제1항의 요건에 해당하는 자회사 또는 자회사의 영 제8조 제1항의 요건에 해당하는 손자회사의 설립·투자금액 변경·청산 및 「외국환거래법」 시행령 제8조 제1항 제4호에 따라 금전을 대여했으나 1년 이내에 회수하는 경우를 포함한다) 또는 해외직접투자를 한 거주자가 다른 거주자에게 당해 주식 또는 지분을 매각하는 경우에는 법 제20조 제1항에 따라 변경사유가 발생한 후 3개월 이내에 당해 신고기관의 장에게 보고를 하여야 한다.

【개정 후 규정】

제9-9조(사후관리)

① 해외직접투자자는 다음 각호의 1의 보고서 또는 서류를 다음 각호의 1에서 정한 기일 내에 당해 신고기관의 장에게 제출하여야 한다.

:

8. 거주자가 동 규정 제9-5조 제1항의 규정에 의하여 신고하거나 보고한 내용을 변경하는 경우(현지법인의 영 제8조 제1항의 요건에 해당하는 자회사 또는 자회사의 영 제8조 제1항의 요건에 해당하는 손자회사의 설립·투자금액 변경·청산 및 「외국환거래법」 시행령 제8조 제1항 제4호에 따라 금전을 대여했으나 1년 이내에 회수하는 경우를 포함한다): 변경사유가 발생한 회계기간 종료 후 5월 이내

나. 해외직접투자의 내용변경

해외직접투자 후 기존에 신고하거나 보고한 내용변경은 여러 가지 사유로 발생할 수 있다. 우선 해외직접투자의 내용 자체가 변경되는 경우가 있다. 가령 지분이나 주식 취득을 통한 해외직접투자의 경우 지분율이 변경되거나 투자금액이 변경되는 때이다. 대부투자의 경우 대부금액 변경 또는 이자율 변경 등이 있을 수 있다. 그러나 증액투자는 신규에 해당하므로 여기서 말하는 변경보고나 신고 대상인 내용의 변경이 아니다.

다. 해외직접투자의 당사자 변경

다음으로 해외직접투자의 내용이 아닌 투자당사자의 변경이 있을 수 있다. 예를 들면 주식이나 지분취득을 통한 해외직접투자의 경우 당해 주식이나 지분을, 대부투자의 경우에는 당해 대부투자금을 제3자에게 양도하는 경우이다. 외국환거래규정은 양도의 상대방이 거주자이냐, 비거주자냐에 따라 ㉠ 거주자에게 지분, 주식 또는 대부 투자금을 양도하는 경우 기존에는 양도하는 거주자에게는 해외직접투자의 변경보고 의무를 부담시키고(개정 전 규정 제9-5조 제3항), 양수하는 거주자에게는 신규 해외직접투자에 따른 신고 의무를 부담시켰다(개정 전 규정 제9-5조 제1항). 다만, 2023. 7. 4. 자 규정 개정으로 현재는 양도인과 양수인 모두 변경사유 발생일로부터 3개월 이내 사후보고 대상으로 변경되었다(개정 후 규정 제9-5조 제2항 제1호, 제9-9조 제1항 제9호). 반면 ㉡ 비거주자에게 지분, 주식 또는 대부 투자금을 양도하는 경우에는 전액 양도인지, 부분 양도인지에 따라 다르다. 전액 양도인 경우 해외직접투자의 "청산"에 해당하므로 양도하는 거주자는 해외직접투자사업의 청산보고 또는 대부채권회수보고를 하여야 하고(규정 제9-6조), 일부 양도인 경우에는 해외직접투자의 변경보고를 하여야 한다(규정 제9-9조 제1항 제8호). 양수하는 비거주자는 규정에 따른 보고나 신고 대상이 아니다.

라. 현지법인의 자회사 또는 손자회사 설립 등

마지막으로 외국환거래규정은 현지법인의 자회사 또는 손자회사(자회사 또는 손자회사 설립이 외국환거래법 시행령 제8조 제1항의 요건, 즉, 당해 법인의 경영에 참가하기 위한 지분이나 주식 취득, 대부투자 등에 해당하여야 한다)의 설립, 투자금액 변경, 청산 및 대부투자를 신고하였으나 1년 이내 회수하는 것을 변경보고의 대상으로 하고 있다(규정 제9-9조 제1항 제8호).

1) 현지법인의 자회사 또는 손자회사 설립 관련 기존 규정

2018. 1. 1. 이전 외국환거래규정은 다음과 같이 거주자의 현지법인이 외국에서 자회사나 손자회사를 설립, 취득하는 경우까지 해외직접투자 변경신고를 하도록 의무를 부과하고 있었다.

2) 대법원의 판단

그러나 법원은 상기 외국환거래규정은 위임입법의 범위를 벗어나 무효라고 판시하였다(대법원 2017. 6. 15. 선고 2015도5312 판결). 동 판례의 요지는 먼저 외국환거래법 제18조 제1항에 의하여 신고의 대상이 되는 해외직접투자는 거주자가 직접 외국법인이 발행한 증권을 취득하거나 그 외국법인에 대한 금전의 대여 등을 통하여 그 외국법인과 지속적 경제관계를 맺기 위하여 하는 거래 또는 행위를 의미한다고 하는 것이 규정의 문언적 해석과 죄형법정주의 원칙 등에 맞다는 것이다. 다음으로 외국환거래법 제18조 제1항 본문 및 시행령 제32조 제1항은 신고의 절차 및 방법 등에 관한 세부사항을 기획재정부장관이 정하여 고시하도록 위임하고 있을 뿐인데, 규정에서 현지법인의 자회사 또는 손자회사의 지분투자 등을 신고 대상으로 하는 것은 위임의 범위를 벗어나 외국환거래법 제18조 제1항에서 정한 신고 의무의 대상을 확장하는 것이어서 효력이 없다는 것이다.[16]

---

16 이러한 대법원의 입장은 재정경제부 고시 형식을 통하여 외국환거래를 규율하는 현행 태도에 큰 시사점을 주는

3) 규정의 개정

이에 따라 외국환거래규정은 2018. 1. 1.자로 현행과 같이 개정되어 현지법인의 자회사 또는 손자회사의 설립 등의 사항은 신고가 아닌 사후보고 대상으로 변경되었다. 이에 따라 해외 현지법인의 자회사나 손자회사는 신규투자나 변경투자, 증액투자, 청산인지에 상관없이 모두 변경보고 대상이다 (자회사나 손자회사 지분이나 대부투자금을 전액 양도하는 것은 규정상 말하는 해외직접투자의 청산보고 대상이 아님에 주의한다).

해외직접투자의 변경을 요약하여 표로 정리하면 다음과 같다.[17]

구분	지분투자	대부투자	신고(보고) 사항
해외직접투자 내용변경 (당사자 변경 제외)	지분율 또는 투자금액 변경 등(현지법인)	대부금액 또는 이자율 변경 등	변경보고 (단, 증액은 신규신고)
	현지법인의 자회사, 자회사의 손자회사 설립, 투자금액 변경, 청산	현지법인의 자회사, 자회사의 손자회사에 대한 대부금액 또는 동 대부금액에 대한 이자율 변경 등	변경보고 (증액도 변경보고) ※ 현지법인의 자회사나 손자회사의 지분 또는 대부금액을 전액 양도하는 것은 청산보고가 아닌 변경보고 대상임
		대부투자 후 1년 이내 회수	
해외직접투자 당사자 변경	거주자 앞 양도	전부 양도	양도인: 변경보고 양수인: 변경보고[17]
		일부 양도	양도인: 변경보고 양수인: 변경보고
	비거주자 앞 양도	전부 양도	양도인: 청산보고 양수인: -
		일부 양도	양도인: 변경보고 양수인: -

것으로 생각한다. 즉, 판례는 고시규정이 위임의 범위를 벗어난 경우에는 법규명령으로서 대외적 구속력이 없다고 하고 있다.

17 다만 개정 규정 시행일인 2023. 7. 4.자 이전 거주자 간 양·수도의 경우 양수인은 신규신고 의무를 부담할 것으로 생각된다(전부 양도 및 일부 양도 모두 동일하다).

2. 변경유형에 따른 보고 방법

가. 해외직접투자 내용변경

1) 관련 규정

【개정 전 규정】

제9-5조(해외직접투자의 신고 등)

② 거주자가 제1항의 규정에 의하여 신고하거나 보고한 내용을 변경하는 경우(현지법인의 영 제8조 제1항의 요건에 해당하는 자회사 또는 자회사의 영 제8조 제1항의 요건에 해당하는 손자회사의 설립·투자금액 변경·청산 및 「외국환거래법」 시행령 제8조 제1항 제4호에 따라 금전을 대여했으나 1년 이내에 회수하는 경우를 포함한다) 또는 해외직접투자를 한 거주자가 다른 거주자에게 당해 주식 또는 지분을 매각하는 경우에는 법 제20조 제1항에 따라 변경사유가 발생한 후 3개월 이내에 당해 신고기관의 장에게 보고를 하여야 한다.

【개정 후 규정】

제9-9조(사후관리)

① 해외직접투자자는 다음 각호의 1의 보고서 또는 서류를 다음 각호의 1에서 정한 기일 내에 당해 신고기관의 장에게 제출하여야 한다.

:

8. 거주자가 동 규정 제9-5조 제1항의 규정에 의하여 신고하거나 보고한 내용을 변경하는 경우(현지법인의 영 제8조 제1항의 요건에 해당하는 자회사 또는 자회사의 영 제8조 제1항의 요건에 해당하는 손자회사의 설립·투자금액 변경·청산 및 「외국환거래법」 시행령 제8조 제1항 제4호에 따라 금전을 대여했으나 1년 이내에 회수하는 경우를 포함한다): 변경사유가 발생한 회계기간 종료 후 5월 이내

【지침】

제9장 제1절 제2관 항목 2/ 내용 2/ 확인 및 유의사항 3

변경사유가 발생한 후 3개월 이내에 당해 신고기관의 장에게 보고하여야 함

※ 내용변경사유 예시

가. 투자자의 상호·대표자·소재지, 현지법인명·현지법인의 소재지 변경

나. 현지법인의 자회사 또는 손자회사의 지분율이 변경된 경우

다. 현지의 예상치 못한 사정이나 경영상 급박한 사정 등으로 사전에 제출한 사업계획을 사전신고 후 변경하는 것이 적절치 않은 경우로서 추가 투자금액을 필요로 하지 않는 경우

라. 대부투자 신고 후 1년 이내 자금 회수

☞ 다만, 규정 제9-5조 제1항 단서의 경우를 제외하고, 투자자의 투자금 변동 없이 발생한 지분율 변동의 경우에는 보고 대상이 아님

2) 해외직접투자 내용변경사유

증액투자가 아닌 기투자한 해외직접투자의 지분이나 주식 관련 지분율이 변경되거나 투자금액이 변경되는 경우이다. 기존 대부투자금의 출자전환으로 인한 대부투자금 변경도 이에 해당한다. 즉, 기존 대부투자금 출자전환으로 대부투자금의 내용이 변경되므로 이에 대한 변경보고를 하여야 하고 동시에 출자전환에 따른 신규 지분취득에 대하여는 해외직접투자 신규신고를 하여야 한다. 외국환거래규정은 행위별 신고를 원칙으로 하기 때문이다. 반면 이자의 원금화로 인한 대부투자금 증액은 신규신고 대상이다. 원금 증가액만큼 증액된 것으로 보아야 하기 때문이다.

이외에도 현지법인의 지분율 변경 또는 자(손자)회사의 설립 및 투자금액 변경도 내용변경보고 대상에 포함된다. 주의할 점은 해외 현지법인의 자회사나 손자회사의 청산은 규정 제9-6조에 의한 해외직접투자사업 청산보고 대상이 아닌 규정 제9-9조의 제1항 제8호에 의한 변경보고 대상이라는 점이다. 즉, 현지법인의 자회사나 손자회사의 경우에는 신규투자나 변경투자, 증액투자, 청산인지에 상관없이 모두 변경보고 대상이다. 이러한 내용변경의 경우 거주자는 2023. 7. 4. 이전 변경사유가 발생한 때에는 변경사유 발생일로부터 3개월 이내(개정 전 규정 제9-5조 제2항)[18], 2023. 7. 4. 이후부터는 변경사유 발생 당해 회계연도 종료 후 5개월 이내에 일괄하여 정기보고하여야 한다(개정 후 규정 제9-9조 제1항 제8호).

가) 변경사유와 관련한 문제
그런데 지침에서는 대부투자 상환방법 등과 관련하여 다음과 같은 규정을 두고 있다.

---

18 다만 앞서 살펴본 바와 같이 개정 후 규정에 경과조치에 대한 정함이 없으므로 규정 개정 전 변경사유가 발생하였으나 보고시한인 변경사유 발생일로부터 3개월이 경과하기 전인 경우, 변경사유 보고의 기준일을 종전의 규정에 따라 변경사유 발생일로부터 3개월이 되는 때로 볼 것인지 아니면 금번 개정 규정 전면 시행에 따라 변경사항 발생 당해 회계연도 종료 후 5월 이내로 볼 것인지 등에 관한 의문이 있을 수 있다.

이는 변경보고 관련 제출서류에서 살펴볼, 지침서식 제9-6로 정해진 해외직접투자 내용변경신고(보고)서상 유의사항 3번으로 기재된 사항이다. 동 규정은 앞서 살펴본 판례(대법원 2017. 6. 15. 선고 2015도5312 판결) 및 위임입법의 한계상 다소 문제가 있는 것으로 생각한다.

나) 해외직접투자 유효기간 연장과 대부투자기한 연장

먼저 해외직접투자의 유효기간과 대부투자기한 연장을 내용변경신고 대상으로 한 것을 살펴본다. 유효기간 연장과 관련하여 지침은 다음과 같이 정하고 있다.

【지침】

제1장 제8절 유효기간

1. 이 지침 제9장에 의한 해외부동산취득신고수리서 및 해외직접투자 신고서의 유효기간은 1년을 원칙으로 하되 사업의 특성을 감안하여 외국환은행의 장이 유효기간을 자율적으로 정할 수 있으며, 신고 대상인 외국환거래에 대해서는 6개월 이내에서 유효기간을 설정할 수 있다.

2. 신고(수리)서(신고필증)의 유효기간 연장은 당초 유효기간 이내에 부득이하다고 인정되는 사유로 신고한 경우에 한하여 당초의 신고(수리)서(신고필증) 원본을 확인하고 변경신고(수리)/보고서(지침서식 제7-21호) 또는 해외직접투자 내용변경신고(보고)서(지침서식 제9-6호)를 제출 받아 당초의 유효기간 만료일 익일부터 연장할 수 있다.

3. 신고(수리)를 받은 자가 유효기간 이내에 그 신고(수리)를 받은 행위나 거래를 하지 아니한 경우에는 그 신고(수리)는 무효로 한다. 신고(수리)서(신고필증)의 유효기간 경과 후 3개월 이내에 한하여 별도의 신고증빙서류를 제출하지 아니하고 기제출한 신고증빙서류를 근거로 다시 신고하고자 하는 경우에는 1회에 한하여 신고(수리)일(신고필증 발급일)로부터 3개월 이내의 유효기간을 정하여 다시 신고(수리) 하거나 신고필증을 교부할 수 있다. 이 경우 신고인은 새로운 신고(수리)서와 당초 신고(수리)서(신고필증) 원본을 제출하여야 한다.

4. 신고를 한 당사자는 동 신고(수리)서(신고필증)의 유효기간 이내에 분할지급을 신청할 수 있으며 외국환은행은 분할지급 시 신고(수리)서(신고필증)에 의거 신고(수리)금액(신고필증 금액) 범위 내인가를 확인하고, 신고(수리)서(신고필증)에 지급금액 및 지급일자를 기재하고 지급한 후 반환하여야 한다.

5. '유효기간'이라 함은 신고인이 신고(수리) 내용에 따라 당해 지급 또는 영수를 완료하여야 하는 기간을 말한다.

외국환거래지침은 외국환거래법 제23조, 동법 시행령 제37조 제5항에 따라 위임받은 외국환거래규정 제10-13조에 의하여 다시 하부위임을 받은 것으로, 동 지침이 위임받은 사항은 말 그대로 "외국환은행의 위탁업무처리기

순 빛 절차"를 정하는 것이다. 다시 말하면 지점에서 정할 수 있는 사항은 위임받은 외국환은행의 위탁업무처리기준 및 절차에 한하고, 상위 법규인 법령이나 규정의 내용을 함부로 바꿀 수 없다.

그런데 규정 제9-5조 제2항은 해외직접투자의 신고나 보고내용변경이 사후 "변경보고 사항"임을 명시하고 있다. 그런데 지침은 이를 어떠한 하부위임의 근거도 없이 "확인 및 유의사항"에서 "신고사항"으로 변경하고 동일한 내용을 지침서식 9-6호 해외직접투자 내용변경신고(보고)서 작성 시 유의사항 3번으로 반영하고 있다.

지침은 나아가 해외직접투자 유효기간은 1년이 원칙이되 외국환은행의 장이 자율적으로 정할 수 있다고 하고 있다. 외국환거래와 관련한 신고나 보고는 결국 과태료 등의 처분과도 직결된다는 점에서 이와 같이 지침에서 함부로 변경보고 사항을 변경신고사항으로 바꾸는 것은 판례(대법원 2017. 6. 15. 선고 2015도5312 판결, 대법원 2017. 6. 15. 선고 2016도9991)나 위임입법의 한계 등을 고려하여 볼 때 큰 문제가 있는 것으로 생각한다. 설령 해외직접투자 유효기간 연장과 대부투자기한 연장을 새로운 해외직접투자 신고에 준하는 사항으로 보아 현 지침과 같은 규정을 두었다고 하더라도 이에 대한 위임의 근거가 필요하다고 할 것이다.

다) 대부투자 상환방법·금리변경 등

대부투자의 상환방법이나 금리변경 등을 내용변경신고사항으로 한 것은 더욱 큰 문제가 있다. 왜냐하면 이러한 내용변경이야말로 지침 제9-5조 제2항에서 정한 "제1항의 규정에 의하여 신고한 내용을 변경하는 경우"에 해당하기 때문이다. 이러한 내용변경사항을 재하부위임규정에 불과한 지침에서 임의로 "변경신고" 대상으로 규정한 것은 명백하게 위임입법 한계를 일탈한 것으로 보아야 한다.

3) 해외직접투자 내용변경과 제출서류

가) 관련 규정

【지침】

제9장 제1절 제2관 항목 2/ 내용 2/ 제출서류

1. 해외직접투자 내용변경신고(보고)서(지침서식 제9-6호)
2. 당초 신고서
3. 자(손자)회사 사업계획서(지침서식 제9-7호)

나) 해외직접투자 내용변경신고(보고)서(지침서식 제9-6호)

해외직접투자 내용변경신고(보고)서는 지침서식 9-6호로 정해져 있다. 양식은 다음과 같으며 변경 전과 변경 후로 기투자한 해외직접투자의 내용변경사항을 명시한다. 또한 동 변경신고(보고)시 당초 신고서를 함께 제출한다.

해외직접투자 내용변경신고(보고)서

□ 현지법인 내용변경   □ 자(손자)회사 설립 · 증액 · 청산   □ 기타

외국환은행장 귀하 _____ 20   .   .   .

신고(보고)인 상호 또는 성명 _____ (인)

사업자(주민)번호 _____

소재지 또는 주소 _____ 전화

(담당자 직성명:)

변경대상   현지법인명:

현지법인   최초신고번호: 신고금액:

---(절 취 선)---

아래와 같이 해외직접투자 내용변경을 신고(보고)합니다.

	변경전	변경후
1. 변경사항		
2.변경사유 (요약)		

붙임서류

1. 당초 신고(보고)서 사본

2. 자(손자)회사 설립시는 자(손자)회사 사업계획서(지침서식 제9-7호)

3. 기타 내용변경신고(보고)시 필요한 서류

1.   (20   .   .   )과 관련됨.

신고번호	
신고일자	20 . . .

신고기관   (인)

해외직접투자 내용변경신고(보고) 관련 유의사항

1. 신고내용에 변경사유가 발생한 후 3개월 이내에 지정은행에 해외직접투자 내용변경보고를 하여야 함

2. 현지법인의 지분율 변경 또는 자(손자)회사의 설립 투자금액변경 내용변경보고 대상에 포함됨

3. 해외직접투자 유효기간 연장, 대부투자기한 연장, 대부투자 상환방법·금리변경 등의 경우에는 내용변경보고가 아닌 내용변경신고 대상임

4. 증액투자는 내용변경보고 대상이 아닌 신규신고 대상임

5. 신고내용의 변동사항이 발생한 경우에도 내용변경보고를 하지 않을 경우, 과태료 등 행정처분을 받을 수 있음

다) 자(손자)회사 사업계획서(지침서식 제9-7호)

내용변경의 대상이 해외법인의 자회사 또는 자회사의 손자회사 설립인 경우에는 지침서식 9-7호 양식에 맞추어 자(손자)회사 사업계획서를 제출하여야 한다. 동 양식은 다음과 같으며, 내용은 앞서 본 해외직접투자 시 사용되는 지침서식 9-1호 사업계획서와 대동소이하다. 다만 투자자 현황이 현지법인 현황으로, 현지법인 현황인 자(손자)회사 현황으로 제목만 대체되었고, 자(손자)회사 설립에 관한 사항이므로 투자 내용에 지분투자 사항만 들어가 있는 점이 다르다. 따라서 동 자(손자)회사 사업계획서 작성방법은 앞서 본 해외법인의 사업계획서 내용을 참고하면 될 것으로 생각한다.

자(손자)회사 사업계획서

□ 자회사 설립   □ 손자회사 설립   □ 기타

(담당자명: 전화번호:)

1. 현지법인 현황

현지법인명		대표자	
소재지(주소)			
총자산		자본금	
업종(제품)		설립등기일	

2. 자(손자)회사 현황

자(손자)회사명		대표자	
소재지(주소)		설립(예정)일	
자본금		종업원수	한국인 명, 현지인 명
투자형태	□ 단독투자 □ 합작투자(지분율: %)	업종(제품)	
법인성격	□ 실제 영업법인 □ 특수 목적회사(SPC) - 최종 투자 목적국: - 최종 투자 업종:	설립형태	□ 신설법인 설립 □ 기존법인 지분인수 - 지분인수비율: %
투자목적 (택일)	1. 자원개발 2. 수출촉진 3. 보호무역타개 4. 저임활용 5. 선진기술 도입 6. 현지시장진출 7. 제3국 진출		

3. 투자 내용

취득증권	증권종류	주수	액면		취득가액	
			주당액면	합계	주당가액	합계
	취득가액이 액면과 상이할 경우 그 산출근거					

출자형태	① 현금		② 현물	
	③ 주식		④ 이익잉여금	
	⑤ 기술투자		⑥ 기타( )	
합계				(①+②+③+④+⑤+⑥)

출자자명		출자전		금회출자		출자후	
		금액	비율(%)	금액	비율(%)	금액	비율(%)
한국 측							
	소계(①)						
현지 측 (②)							
제3국 (③)							
합계(①+②+③)			100.0		100.0		100.0

4. 사업의 개요 및 투자의 필요성

5. 자(손자)회사 자금조달 및 운용계획

(단위: 미불)

자금운용		자금조달	
항목	금액	항목	금액
토지		차입금	
건물			
기계설비		자본금	
운영자금			

라) 기재례

아래에서는 대부금액 출자전환 시 하여야 하는 기 투자내역에 대한 내용·변경보고와 출자전환으로 인한 증액에 대한 신규신고 및 제출서류를 함께 보기로 한다.

① 해외직접투자 대부금액 전액 출자전환: 내용·변경보고

CASE 4-①: 해외직접투자 대부투자 내용변경신고(보고)

신고인(투자자): ㈜리오

투자대상 현지법인: LIOH AMERICA CO.

변경내용: 대부투자 원금 USD 500,000을 전액 출자전환(주당 가격 USD 1)

이 경우 해외직접투자 내용변경신고(보고)서 기재례는 다음과 같다.

해외직접투자 내용변경신고(보고)서

□ 현지법인 내용변경   □ 자(손자)회사 설립 · 증액 · 청산   ☑ 기타

외국환은행장 귀하 _____   2018. 10. 30.

신고(보고)인 상호 또는 성명   (주)리오   (인)

           사업자(주민)번호   23-45-67890

           소재지 또는 주소   서울시 강남구 영동대로 517   전화 02-123-4567

                                   (담당자 직성명: 과장 오정현)

변경대상   현지법인명: LIOH AMERICA CO.

현지법인   최초신고번호: 신고금액:

--(절 취 선)--

아래와 같이 해외직접투자 내용변경을 신고(보고)합니다.

1. 변경사항	변경전	변경후
	대부투자 투자원금 USD 500,000	대부투자 투자원금 USD 500,000 전액 출자전환(주당가격 USD 1)
2.변경사유 (요약)	현지법인 앞 대여금 전액 출자전환	

붙임서류

1. 당초 신고(보고)서 사본

2. 자(손자)회사 설립시는 자(손자)회사 사업계획서(지침서식 제9-7호)

3. 기타 내용변경신고(보고)시 필요한 서류

    1.   (20   .   .)과 관련됨.

신고번호	
신고일자	20 . . .

신고기관   (인)

② 해외직접투자 대부금액 잔액 출자전환: 출자전환된 금액만큼 신규신고

CASE 4-②: 해외직접투자 지분투자(증액) 신고: 신규신고

신고인(투자자): ㈜리오

투자대상 현지법인: LIOH AMERICA CO.

투자방법: 지분투자

투자금액(취득가액): USD 500,000

액면가액: USD 500,000

출자전환된 부분만큼 증액된 부분은 증액투자로 신규신고 대상이다(규정 제9-5조 제1항). 따라서 해외직접투자 신고(보고)서, 사업계획서 등 신규신고에 따른 서류를 모두 작성하여야 한다. 또 유의하여야 할 사항은 출자전환 등과 같이 실제 현금 송금 없이 투자하는 건은 반드시 지침서식 제9-9에 의한 투자보고서를 작성·제출하여야 한다는 것이다.

〈별지 제9-1호 서식〉

해외직접투자 신고서(보고서)

			처리기간

신고인 (보고인)	상호	(주)리오	사업자등록번호	123-45-67890
			법인등록번호	123456-1234567
	대표자	오정현 (인)	주민등록번호	123456-1234567
	소재지	서울시 강남구 영동대로 517 전화번호: 02-123-4567		
	업종	27191(치과용 기기 제조업)		
해외 직접 투자 내용	투자국명	미국	소재지	3655 N 1t st, San Jose CA 95135, U.S.A.
	투자방법	지분투자	자금조달	자기자금
	투자업종	46592 (치과용기기 도매)	주요제품	치과용 의료기기
	투자금액	USD 500,000	출자금액	USD 500,000
	투자비율	71.4%	결산월	12월
	투자목적	현지시장 진출		
	현지법인명 (영문)	LIOH AMERICA CO. (자본금: USD 3,500,000)		

외국환거래법 제18조의 규정에 의거 위와 같이 신고(보고)합니다.

2018 년 10 월 30 일

외국환은행의 장 귀하

위와 같이 신고(보고)되었음을 확인함	신고번호	
	신고금액	
	유효기간	

피신고(보고)기관: 외국환은행의 장

210㎜×297㎜

〈첨부서류〉
1. 사업계획서(자금조달 및 운영계획 포함)
2. 합작인 경우 당해 사업에 관한 계약서
3. 외국환거래법 시행령 제8조 제1항 제4호에 규정한 금전의 대여에 의한 해외직접투자인 경우에는 금전대차계약서
4. 해외투자수단이 해외주식인 경우, 당해 해외주식의 가격적정성을 입증할 수 있는 서류
※ 업종은 통계청 한국표준산업분류표상 세세분류코드(5자리) 및 업종명을 기재
※ 출자금액란에는 액면가액과 취득가액이 상이한 경우 액면가액을 기재

① 사업계획서: 이 경우 사업계획시 5. 현지법인 자금조달 및 운용계획상 출자전환된 만큼 차입금이 감소하고, 자본금이 증액된다.

〈지침서식 9-1호〉

사업계획서

☑ 증권투자(1. 신규투자 **2. 증액투자**)　　□ 대부투자　　□ 제재기관 보고후 사후신고

1. 투자자 현황

상호 또는 성명	(주)리오	설립연월일	2003년 3월 1일
소재지(주소)	서울시 강남구 영동대로 517		
투자자규모	☑ 대기업 □ 중소기업 □ 개인사업자 □ 개인 □ 기타(비영리단체 등)		
투자자 법인성격	☑ 실제영업법인	□ 특수목적회사(SPC)[1]	
외국인투자기업[2] 여부	☑ 아니오	□ 예 - 최대주주명:　　(지분율:　%)[3] - 최대주주 소속 국가:	
총자산	501,560백만원	자기자본(자본금)	169,370(23,315)백만원
업종 (제품)	치과용 기기 제조업 (치과용 의료기기)	담당자 및 연락처	오정현 (02-123-4567)

주)

1. SPC는 고용, 생산활동 및 물적 실체가 거의 없으며, 자산 · 부채는 타국에 대한 또는 타국으로부터의 투자로 구성되고 해외직접투자자에 의해 관리되는 법인임

2. 외국인투자기업은 외국투자자가 외국인투자촉진법에 의해 출자한 기업임

3. 지분율이 50%를 초과할 경우 최대주주의 최대주주 소속국가: _____
　및 최대주주명: _____(지분율:　%)

2. 현지법인 현황

법인명	LIOH AMERICA CO.	대표자	Billy Jean
법인형태	☑ 법인 □ 개인기업 □ 기타 □ 해외자원개발사업 (□ 법인설립 □ 법인미설립)	설립(예정)일	2008년 7월 31일
총자본금	**USD 3,500,000**	종업원수	한국인: 3명, 현지인: 9명
투자형태[1]	□ 단독투자 ☑ 공동투자 ☑ 합작투자(지분율: 66.7%)		
주투자자 내역	상호	(주)리오	사업자번호	123-45-67890
주투자자 내역	대표자명	김길동	법인등록번호	123456-1234567
법인성격	☑ 실제 영업법인 □ 특수목적회사(SPC) -최종 투자목적국: -최종 투자업종:	설립형태	□ 신설법인 설립 ☑ **기존법인 지분인수** **-지분인수비율: 100%** **(구주: %, 신주: 100%)[2]**
지배구조	☑ 비지주회사 □ 지주회사(자회사수: 개, 주된 매출 자회사 업종:)		
투자목적 (택일)	□ 자원개발 □ 수출촉진 □ 보호무역타개 □ 저임활용 □ 선진기술 도입 ☑ 현지시장 진출 □ 제3국 진출		

주)

1. "공동투자"는 국내투자자와 공동으로 투자하는 경우를 말하며, "합작투자"는 비거주자와 합작으로 투자하는 경우를 말함

2. 구주 및 신주 비율의 합은 지분인수비율임

3. 투자방법

① 지분투자

	증권종류	주수	액면		취득가액	
취 득 증 권	보통주	500,000	주당액면	합계	주당가액	합계
취 득 증 권	보통주	500,000	USD 1	USD 500,000	USD 2	USD 500,000
	취득가액이 액면과 상이할 경우 그 산출근거[1]					

주)

1. 관련 증빙서류 필수 첨부

출자형태	① 현금		② 현물	
출자형태	③ 주식		④ 이익잉여금	
출자형태	⑤ 기술투자		⑥ 기타( )	USD 500,000
합계				(①+②+③+④+⑤+⑥)

출자자명		출자전 (액면가액 기준)		금회출자 (액면가액 기준)		출자후 (액면가액 기준)	
		금액	비율(%)	금액	비율(%)	금액	비율(%)
한국 측 (①)	(주)리오	2,000,000	66.7	500,000	100.0	2,500,000	71.4
	(주)한국기공 (공동투자자)	500,000	16.6	–	–	500,000	14.3
현지 측 (②)	ABC COMPANY (합작투자자)	500,000	16.6	–	–	500,000	14.3
제3국 (③)							
합계(①+②+③)		3,000,000	100.0	500,000	100.0	3,500,000	100.0

② 대부투자

대부액			자금용도	
이율			기간	
원금상환방법			이자징수방법	□ 연 1회　　□ 연 2회
대부자금 조달방법	자기자금		차입금	

4. 사업 개요 및 투자 필요성

　자유양식으로 작성

5. 현지법인 자금조달 및 운용계획

(단위: 미불)

자금운용		자금조달	
항목	금액	항목	금액
토지 건물 기계설비 운영자금	USD 2,000,000	차입금	△USD 500,000
		자본금 및 자본잉여금	USD 500,000

※ 자금운용금액과 자금조달금액의 합은 일치하여야 함

ㅂ 송금(투자)보고서: 출자전환 등과 같이 실제 현금 송금 없이 투자하는 건은 투자보고서(지침서식 제9-9
호)를 반드시 작성·제출하여야 한다. 동 사항은 송금(투자)보고서 4. 투자(송금)내용에 기재한다.

〈지침서식 제9-9호〉

송금(투자)보고서

1. 투자자명: (주)리오 (담당자명: 오정헌, 전화번호: 02-123-4567)

2. 투자 내용
   가. 신고일자 및 신고번호: 2018-10-30, 신고번호 기재
   나. 투자국명: 미국
   다. 투자업종: 치과용기기 도매
   라. 현지법인명: LIOH AMERICA CO.

3. 송금상대방
   가. 수취인:
   나. 구좌번호:

4. 투자(송금)내용

   가. 투자 신고액
      (1) 증권투자: US$ 500,000   (현지화:)
      (2) 대부투자: US$ (현지화:)
      (3) 기타(   ): US$ (현지화:)

   나. 투자(송금)내용

자금조달재원	일자	투자(송금)액 (US$ 환산액)	투자방법	비고 (현지화)
현금				
현물				
주식				
이익잉여금				
기술투자				
기타(대여금 출자전환)	2018-10-30	500,000	대여금 출자전환	

5. 첨부서류
   가. 수출신고필증(현물출자인 경우) 등
      1) 본 보고서는 투자(송금)후 즉시 제출할 것
      2) 지정거래외국환은행을 통하여 송금한 경우 송금 CABLE(전신문) 등으로 송금(투자)보고서에
         갈음할 수 있음

미) 위반사례

해외직접투자 신고 및 보고 의무와 관련하여 가장 위반사례가 많은 것이 이 변경보고 사항이 아닐까 한다. 출자전환, 이자의 원금화, 자회사 합병 등과 같이 기투자한 해외직접투자의 내용이 변경되는 경우에는 변경보고를 하여야 하는데, 이러한 변경보고를 누락하는 경우가 왕왕 있다. 금융감독원에서 발간한 위반사례로는 다음과 같은 것들이 있다.[19]

【외국환거래 위반사례 ⑥】

① 신고 후 일부 대부투자로의 변경 및 외화증권취득보고서 미제출: 해외직접투자 신고 후 일부자금을 대부투자로 변경하였음에도 변경보고 누락 및 외화증권취득보고서를 미제출하였음

② 회사합병으로 인한 해외직접투자 지분 인수 관련 변경보고 누락: 거주자가 해외법인을 흡수합병하면서 현지법인의 지분을 이전받았음에도 변경보고 누락(흡수합병 후 존속법인 또는 신설법인이 변경보고를 해야 함)

③ 지분투자를 대부투자로 변경하였으나 변경보고 누락: 최초 지분투자를 하고 나서 이중 일부를 대부투자로 변경하였음에도 변경보고를 하지 않음

④ 지분율 100%의 현지법인에 대부투자로 신고 후 지분투자: 멕시코 소재 현지법인에 대부투자를 하는 내용으로 해외직접투자 신고 후 송금 후 3년 만에 지분투자로 변경하였음에도 변경보고 누락

⑤ 대부투자의 만기 연장의 변경보고 누락: 영국소재 현지법인에 두 차례에 걸쳐 대부투자 후 각각 만기를 2년으로 연장하였음에도 변경보고 누락

⑥ 현지법인의 현지투자에 대한 변경보고 누락: 중국에 100% 자회사인 현지법인 설립 후 동 현지법인이 현지법인의 자회사 앞 증자를 하였음에도 변경보고 누락

---

19 동 위반사례는 금융감독원 위반사례 53번부터 65번까지의 사례 중 변경보고 누락사례를 간략히 정리한 것이다 (금융감독원 pp. 147-159). 따라서 자세한 사항은 동 금융감독원 책자를 참고하기 바란다.

나. 해외직접투자 당사자 변경

해외직접투자의 당사자 변경은 크게 거주자에 대한 양도와 비거주자에 대한 양도로 나뉜다. 거주자 간 양도의 경우에는 ⅰ) 양도인인 거주자와 양수인인 거주자 모두 양수도가 발생한 날로부터 3개월 내 변경보고 의무를 부담한다(개정 후 규정 제9-9조 제1항 제8호). 다만 개정 규정 시행일인 2023. 7. 4. 이전 거주자간 지분 양수도가 있었던 경우에는 양도인인 거주자는 기신고한 해외직접투자의 변경보고 의무를 부담하고(개정 전 규정 제9-5조 제3항), 양수인인 거주자는 해외직접투자 신규신고 의무를 부담한다(기존 규정 제9-5조 제1항).[20] ⅱ) 비거주자에게 양도하는 경우에는 전액 양도라면 양도인인 거주자는 해외직접투자사업의 청산보고 또는 대부채권회수보고 의무를 부담하고(규정 제9-6조), 일부 양도라면 양도인인 거주자는 기신고한 해외직접투자의 변경보고 의무를 부담한다(개정 후 규정 제9-9조 제1항 제8호). 전부양수이든 일부양수이든 양수인인 비거주자는 규정에 따른 신고나 보고 대상이 아니다.

1) 거주자 간 양도

가) 2023. 7. 4. 이전

외국환거래법은 행위별 및 행위자별 규제가 원칙이므로, 거주자 간 양도의 경우 양수인인 거주자는 해외직접투자 신규신고를 하여야 하고, 양도인인 거주자는 변경보고를 하여야 한다. 이때 양수인의 신규신고는 해외직접투자 전 사전신고 대상으로, 양도인의 변경보고는 사후보고 대상으로 되어 있으나, 실무적으로는 양수인인 거주자의 신규취득 신고와 양도인인 거주

---

20 해외직접투자를 포함한 외국환거래 관련 위반행위에 대한 처벌은 행위 시를 기준으로 판단되므로 개정 규정에도 불구하고 거주자 간 지분 양수도의 위반행위 해당 여부도 지분 양수도가 있었던 날을 기준으로 판단될 것으로 생각한다.

지의 변경보고를 동시에 처리하고 있다.[21]

나) 양도인 관련 규정

【개정 전 규정】

제9-5조(해외직접투자자의 신고 등)

② … 또는 해외직접투자를 한 거주자가 다른 거주자에게 당해 주식 또는 지분을 매각하는 경우에는 법 제20조 제1항에 따라 변경사유가 발생한 후 3개월 이내에 당해 신고기관의 장에게 보고를 하여야 한다.

---

21 이러한 실무도 규정 제9-5조 제2항에서 "변경사유 발생일로부터 3개월 이내 사후보고"로 되어 있는 사항과는 상치된다 할 것인데, 금번 규정 개정으로 이러한 문제가 해결되는 것으로 생각한다.

【지침】

제9장 제1절 제2관 항목 2 (금융기관을 제외한 거주자의 해외직접투자 내용변경 등 (규정제9-5조 제1항 및 제2항))/ 내용 1 (거주자간 투자지분을 양·수도하는 경우)

<제출서류>
1. 거주자 간 해외직접투자 양수도 신고(보고)서(지침서식 제9-8호)
2. 양수도계약서(거주자의 투자지분을 다른 거주자에게 양도하는 경우)
3. 당초 신고(보고)서 사본

<확인 및 유의사항>
3. 양도자와 양수자가 양도자의 지정거래외국환은행에 함께 신청하여야 하며 신고 및 보고 후 양도자의 지정거래외국환은행은 당해 사업에 관한 일체의 서류를 양수자의 지정거래 외국환은행 앞 이관하여야 함(일부 양도인 경우 사본 송부)
    :
5. 제출서류 "2"(양수도계약서)의 경우 양수도계약서에 첨부해야 할 서류:
    – 양수인 사업자등록증 또는 주민등록증 등 실명확인증표
    – 양수인의 납세증명서, 신용정보조회표(법인의 경우 대표자를 포함. 단, 고용대표자임을 입증할 수 있는 서류를 제출하는 경우 대표자 생략 가능)
    – 3영업일 이내에 발급된 주민등록등본(개인에 한함)
    – 양수자는 지정거래외국환은행에 제출서류 "1"(거주자간 해외직접투자 양수도 신고(보고)서 또는 해외직접투자 신고서(보고서)(별지제9-1호서식)을 제출하여야 함
    ☞ 양도인의 신청 시 양수인은 해외직접투자의 거래외국환은행을 지정하여야 함

거주자인 양도인이 다른 거주자 앞 기투자 주식 또는 지분을 양도하는 것은 변경보고 대상으로, 이때는 지침서식 9-6호 해외직접투자 내용변경신고(보고)서가 아닌 지침서식 9-8호 거주자 간 해외직접투자 양수도 신고(보고)서를 작성 및 제출하여야 한다. 이 신고(보고)서는 앞서 말한 바와 같이 양수인도 제출하여야 하는데, 양도인의 입장에서 보면 기투자내역의 변경 "보고"이고, 양수인의 입장에서 보면 새로운 해외직접투자의 "신고"이므로 지침서식 9-6호는 해외직접투자 내용변경 "신고(보고)서"라고 서식명칭을 정한 것으로 보인다.

지침에 의하면 동 신고(보고)서는 양도자와 양수자가 양도자의 지정거래외국환은행에 함께 신청하여야 하며 신고 및 보고(양수인은 신고, 양도인은 보고)

후 양도사의 시성서래외국환은행이 낭해 사업에 관한 일체의 서류를 양수자의 지정거래외국환은행 앞 이관하여야 한다(일부 양도인 경우 사본 송부). 실무적으로 거주자 간 해외직접투자 양수도 신고(보고)서는 총 3부를 작성하여 1부는 지정거래 외국환은행이 보관하고 양도인 및 양수인 앞 각각 1부씩 교부하게 된다.

다) 거주자 간 해외직접투자 양수도 신고(보고)서 작성방법

거주자 간 해외직접투자 양수도 신고(보고)서 서식은 지침서식 9-8호로 정하고 있다.

거주자간 해외직접투자 양수도 신고(보고)서

1. 양도인

상호 또는 성명		(인)	사업자(주민등록)번호	
소재지(주소)				
투자자규모	□ 대기업　□ 중소기업　□ 개인사업자　□ 개인			

2. 양수인

상호 또는 성명		(인)	대표자명	
사업자(주민등록)번호			법인등록번호	
담당자 및 연락처		(Tel.)		
소재지(주소)				
지정거래외국환은행		은행	지점	
투자자규모	□ 대기업　□ 중소기업　□ 개인사업자　□ 개인			

3. 양수도 현지법인 현황

법인명			설립등기일	
소재지(주소)				
신고일자		신고번호		
투자내역	□ 투자금액:	□ 투자비율:　　　%		

4. 양수도 내역 (□ 전액양수도　□ 부분양수도)

투자지분 양도내역	□ 투자금액:	□ 투자비율:　　　%	
양수도일자		양수도가액	

외국환거래법 제18조 및 **제20조 제1항**의 규정에 의하여 위와 같이 **신고(보고)**합니다.

년　　　월　　　일

외국환은행의 장 귀하

	신고번호	
	신고일자	

신고기관:　　　　　　　　　㊞

【첨부서류】

가. 양수도계약서

나. 양수인 사업자등록증 또는 주민등록증 등 실명확인증표

다. 양수인의 납세증명서, 신용정보조회표(법인의 경우 대표자 포함)

라. 3영업일 이내에 발급된 주민등록등본(개인에 한함)

거주자간 해외직접투자 양수도 신고(보고) 관련 유의사항

1. 양수자는 지정거래외국환은행에 동 신고(보고)서 또는 해외직접투자 신고서(보고서)(별지 제9-1호서식)을 제출하여야 함

2. 양도자와 양수자가 양도자의 지정거래외국환은행에 함께 신청하여야 하며 신고(보고) 후 양도자의 지정거래외국환은행은 당해 사업에 관한 일체의 서류를 양수자의 지정거래외국환은행 앞으로 이관해야 함(부분 양수도하는 경우에는 사본 송부)

3. 양수인은 자신의 거래외국환은행에 신고필증 등을 제출하고 적정 사후관리를 이행하여야 함

4. 비거주자에의 전액지분 매각은 규정 제9-6조(해외직접투자사업의 청산)에 따름

5. 양수도 당사자가 해외직접투자 양수도에 따른 신고(보고)를 하지 아니한 경우 형사벌칙 또는 과태료 등 행정처분을 받을 수 있음

※ 주요항목 기재 요령
- 신고일자 및 신고번호: 해외직접투자 관련 신고 건이 다수인 경우 최초의 신고일자 및 신고번호 기재
- 투자지분 양도내역: 계약서상 표시된 양도금액과 지분율을 정확히 기재
- 양수도내역: 계약서상의 실제 양수도일자(잔금일자/대금결제일자) 및 양수도가액 기재

이하 항목별로 살펴보기로 한다.

㉮ 양도인

1. 양도인				
상호 또는 성명		(인)	사업자(주민등록)번호	
소재지(주소)				
투자자규모	□ 대기업　□ 중소기업　□ 개인사업자　□ 개인			

a. 양도인의 상호 또는 성명, 사업자(주민등록)번호, 소재지를 기재한다. 또한 양도인이 회사인 경우는 규모에 따라 대기업 여부 등을 체크하고, 개인이면 개인사업자인지 여부 등을 체크

한다. 상기 서식은 첨부서류로 양수인의 사업자등록증 등만을 기재하고 있으나, 양도인에

대하여도 확인을 위하여 사업자등록증, 법인등기부등본(법인인 경우) 등을 징구한다.

㉴ 양수인

2. 양수인

상호 또는 성명		(인)	대표자명	
사업자(주민등록)번호			법인등록번호	
담당자 및 연락처	(Tel.)			
소재지(주소)				
지정거래외국환은행	은행 지점			
투자자규모	□ 대기업 □ 중소기업 □ 개인사업자 □ 개인			

a. 양수인의 상호 등 해당내역을 기재한다. 양도인 신청 시 양수인은 해외직접투자의 거래외

국환은행을 지정하여야 하는바, 동 지정거래 외국환은행 사항도 기재한다. 이외 양수인 확

인을 위하여 사업자등록증 등을 징구하며, 양수인의 지분 또는 주식 취득은 새로운 해외직

접투자에 해당하므로 양수인의 납세증명서 징구나 신용유의정보 확인도 당연히 수행하여

야 한다.

b. 지침은 "양수자는 지정거래외국환은행에 동 신고(보고)서 또는 해외직접투자 신고서(보고서)(별

지 제9-1호서식)을 제출하여야 한다"고 하여 양수자의 해외직접투자 신규신고 시 해외직접투자

신고서가 아닌 상기 거주자 간 해외직접투자 양수도 신고(보고)서를 내도 무방한 것으로 하고

있다.[22]

---

22 그러나 실무적으로는 양수인의 전액 인수 시 양수인의 지정거래 외국환은행은 어차피 양도자의 지정거래외국환
     은행으로부터 양수도 신고서를 포함한 당해 사업에 관한 일체의 서류를 이관받으므로, 양수자로부터 규정저식
     제9-1호 해외직접투자 신고서를 징구받는 것으로 보인다.

㉑ 양수도 현지법인 현황

3. 양수도 현지법인 현황				
법인명			설립등기일	
소재지(주소)				
신고일자		신고번호		
투자내역	□ 투자금액:	□ 투자비율:		%

a. 양도대상 현지법인 현황을 기재한다. 참고로 전액 양도 시 거주자 간 해외직접투자 양수도 신고서 투자금액과 현지법인에 대한 양도인의 모든 해외직접투자 신고서 투자금액 합계는 일치하여야 한다. 이를 확인하기 위하여 지침은 당초 신고(보고)서 사본 등 당해 사업에 관한 일체의 서류를 양수자의 지정거래외국환은행 앞 이관하도록 하고 있다.

㉒ 양수도 내역

4. 양수도 내역 (□ 전액양수도 □ 부분양수도)				
투자지분 양도내역	□ 투자금액:	□ 투자비율:		%
양수도일자		양수도가액		

a. 전액 양도인지 부분 양도인지에 따라 해당사항에 맞게 체크한다.

b. 투자지분 양도내역: 투자금액은 양도인의 투자금액으로 양수인 입장에서는 금번 투자시 자본금으로 전환되는 금액(주식 액면가액)을 기재하며 양수인의 해투 신고서상 출자금액과 일치해야 한다.

c. 투자비율: 양도인의 마지막 해투 신고서상 투자비율과 일치해야 한다.

d. 양수도 내역과 관련, 투자지분 양도내역과 투자비율은 거주자간 양수도 계약서상 표시된 양도금액과 지분율을 정확히 기재하며, 이와 관련한 양수도 계약서를 제출한다.

e. 양수도일자: 양수도계약서상 실제 양수도일자(잔금일자/대금결제일자)를 기재한다.

f. 양수도가액: 양수도계약상 실제 양수도가액(주식 취득가액)을 기재하며, 양수인의 해투 신고서상 투자금액과 일치해야 한다.

g. 금액을 이종통화로 기재하는 경우 미달러 환산금액을 부기한다(서울외국환중개 매매기준율 사용).

외국환거래법 제18조 및 **제20조 제1항**의 규정에 의하여 위와 같이 **신고(보고)**합니다.

년   월   일

외국환은행의 장 귀하

	신고번호	
	신고일자	
	신고기관:	㉑

a. 해외직접투자 관련 신고 건이 다수인 경우 최초의 신고일자 및 신고번호를 기재한다.

라) 양수인 관련 규정

【개정 전 규정】

제9-5조(해외직접투자자의 신고 등)

① … 거주자가 해외직접투자를 한 거주자로부터 당해 주식 또는 지분을 양수받아 해외직접투자를 하고자 하는 경우에는 다음 각호의 1에서 정하는 외국환은행의 장에게 신고하여야 한다.

다른 거주자로부터 주식 또는 지분을 양수받는 것은 규정이 상정한 해외직접투자의 한 방법이다. 따라서 양수인은 동 취득 관련 해외직접투자 신규신고를 하여야 하고, 이 경우 해외직접투자 신규신고에 관한 규정 및 지침사항이 그대로 적용된다. 다만 양도인의 경우 해외직접투자 변경보고 사항이나 지침상 거주자 간 양도 시 양도자와 양수자가 양도자의 지정거래외국환은행에 함께 신청하도록 하는 것이다.

마) 작성례

① 거주자 간 주식 또는 지분 전액 양수도

CASE 5: 다른 거주자로부터 해외직접투자 양도받는 경우 → 해외직접투자 지분투자 신고

양도인: ㈜한국기공
양수인: ㈜리오
양도대상 현지법인: LIOH AMERICA CO.
양도 투자금액: USD 500,000

상기 사례와 관련하여 거주자 간 해외직접투자 양수도 신고(보고)서 기재례 이외에 앞서 살펴본 해외직접투자 신고서, 사업계획서 기재례도 함께 살펴본다.

㉔ 거주자 간 해외직접투자 양수도 신고(보고)

거주자간 해외직접투자 양수도 신고(보고)서

1. 양도인

상호 또는 성명	(주)한국기공 (인)	사업자(주민등록)번호	123-45-67899
소재지(주소)	서울시 중구 남대문로 123		
투자자규모	☐ 대기업 ☑ 중소기업 ☐ 개인사업자 ☐ 개인		

2. 양수인

상호 또는 성명	(주)리오 (인)	대표자명	오정현
사업자(주민등록)번호	123-45-67890	법인등록번호	123456-1234567
담당자 및 연락처	과장 오정현 (Tel.) 02-123-4567		
소재지(주소)	서울시 강남구 영동대로 517		
지정거래외국환은행	산업은행 ○○지점		
투자자규모	☑ 대기업 ☐ 중소기업 ☐ 개인사업자 ☐ 개인		

3. 양수도 현지법인 현황

법인명	LIOH AMERICA CO.	설립등기일	2008년 7월 31일
소재지(주소)	3655 N 1t st, San Jose CA 95135, U.S.A.		
신고일자		신고번호	
투자내역	☐ 투자금액: USD 500,000 ☐ 투자비율: 14.3%		

4. 양수도 내역 (☑ 전액양수도 ☐ 부분양수도)

투자지분 양도내역	☐ 투자금액:	☐ 투자비율:	%
양수도일자	2018-11-30	양수도가액	USD 700,000

외국환거래법 제18조 및 **제20조 제1항**의 규정에 의하여 위와 같이 **신고(보고)**합니다.

2018년 11월 30일

외국환은행의 장 귀하

	신고번호	
	신고일자	

신고기관: ㉔

【첨부서류】
가. 양수도계약서
나. 양수인 사업자등록증 또는 주민등록증 등 실명확인증표
다. 양수인의 납세증명서, 신용정보조회표(법인의 경우 대표자 포함)
라. 3영업일 이내에 발급된 주민등록등본(개인에 한함)

④ 해외직접투자 신고서

〈별지 제9-1호 서식〉

		처리기간	
해외직접투자 신고서(보고서)			

신고인 (보고인)	상호	(주)리오	사업자등록번호	123-45-67890
			법인등록번호	123456-1234567
	대표자	오정현 (인)	주민등록번호	123456-1234567
	소재지	서울시 강남구 영동대로 517 전화번호: 02-123-4567		
	업종	**27191(치과용 기기 제조업)**		
해외 직접 투자 내용	투자국명	미국	소재지	3655 N 1t st, San Jose CA 95135, U.S.A.
	투자방법	지분투자	자금조달	자기자금
	투자업종	**46592 (치과용기기 도매)**	주요제품	치과용 의료기기
	투자금액	USD 700,000	**출자금액**	USD 500,000
	투자비율	85.7%	**결산월**	**12월**
	투자목적	현지시장 진출		
	현지법인명 (영문)	LIOH AMERICA CO. (**자본금: USD 3,500,000**)		

외국환거래법 제18조의 규정에 의거 위와 같이 신고(보고)합니다.

2018 년 11 월 30 일

외국환은행의 장 귀하

위와 같이 신고(보고)되었음을 확인함	신고번호	
	신고금액	
	유효기간	

피신고(보고)기관: 외국환은행의 장

210㎜×297㎜

〈첨부서류〉
1. 사업계획서(자금조달 및 운영계획 포함)
2. 합작인 경우 당해 사업에 관한 계약서
3. 외국환거래법 시행령 제8조 제1항 제4호에 규정한 금전의 대여에 의한 해외직접투자인 경우에는 금전대차계약서
4. 해외투자수단이 해외주식인 경우, 당해 해외주식의 가격적정성을 입증할 수 있는 서류
※ 업종은 통계청 한국표준산업분류표상 세세분류코드(5자리) 및 업종명을 기재
※ 출자금액란에는 액면가액과 취득가액이 상이한 경우 액면가액을 기재

ⓘ **사업계획서**

a. 해외직접투자 양수도에 따른 사업계획서 작성 및 제출 시에는 3. 투자방법상 양도인과 양수인의 양수도에 따른 투자내역 변경을 표시하여 주어야 한다.

〈지침서식 9-1호〉

사업계획서

☑ 증권투자(1. 신규투자 **2. 증액투자**)   □ 대부투자   □ 제재기관 보고후 사후신고

1. 투자자 현황

상호 또는 성명	(주)리오	설립연월일	2003년 3월 1일
소재지(주소)	서울시 강남구 영동대로 517		
투자자규모	☑ 대기업 □ 중소기업 □ 개인사업자 □ 개인 □ 기타(비영리단체 등)		
투자자 법인성격	☑ 실제영업법인 □ 특수목적회사(SPC)[1]		
외국인투자기업[2] 여부	☑ 아니오	□ 예 - 최대주주명: (지분율: %)[3] - 최대주주 소속 국가:	
총자산	501,560백만원	자기자본(자본금)	169,370(23,315)백만원
업종 (제품)	치과용 기기 제조업 (치과용 의료기기)	담당자 및 연락처	오정현 (02-123-4567)

주)
1. SPC는 고용, 생산활동 및 물적 실체가 거의 없으며, 자산·부채는 타국에 대한 또는 타국으로부터의 투자로 구성되고 해외직접투자자에 의해 관리되는 법인임
2. 외국인투자기업은 외국투자자가 외국인투자촉진법에 의해 출자한 기업임
3. 지분율이 50%를 초과할 경우 최대주주의 최대주주 소속국가: _____
   및 최대주주명: _____ (지분율: %)

2. 현지법인 현황

법인명	LIOH AMERICA CO.		대표자	Billy Jean	
법인형태	☑ 법인 □ 개인기업 □ 기타 □ 해외자원개발사업 (□ 법인설립 □ 법인미설립)		설립(예정)일	2008년 7월 31일	
총자본금	**USD 3,500,000**		종업원수	한국인: 3명, 현지인: 9명	
투자형태[1]	□ 단독투자 □ 공동투자 ☑ 합작투자(지분율: 85.7%)				
주투자자 내역	상호	(주)리오	사업자번호	123-45-67890	
	대표자명	김길동	법인등록번호	123456-1234567	
법인성격	☑ 실제 영업법인 □ 특수목적회사(SPC) -최종 투자목적국: -최종 투자업종:		설립형태	□ 신설법인 설립 ☑ **기존법인 지분인수** **-지분인수비율: 100%** **(구주: %, 신주: 100%)[2]**	
지배구조	☑ 비지주회사 □ 지주회사(자회사수: 개, 주된 매출 자회사 업종:)				
투자목적 (택일)	□ 자원개발 □ 수출촉진 □ 보호무역타개 □ 저임활용 □ 선진기술 도입 ☑ 현지시장 진출 □ 제3국 진출				

주)

1. **"공동투자"는 국내투자자와 공동으로 투자하는 경우를 말하며, "합작투자"는 비거주자와 합작으로 투자하는 경우를 말함**
2. 구주 및 신주 비율의 합은 지분인수비율임

3. 투자방법

① 지분투자

취득증권	증권종류	주수	액면		취득가액	
			주당액면	합계	주당가액	합계
	보통주	500,000	USD 1	USD 500,000	USD 1.4	USD 700,000
	취득가액이 액면과 상이할 경우 그 산출근거[1]		주식가치(취득가액)에 관한 회계법인 평가보고서 첨부			

주)

1. 관련 증빙서류 필수 첨부

출자형태	① 현금	USD 700,000	② 현물	
	③ 주식		④ 이익잉여금	
	⑤ 기술투자		⑥ 기타( )	USD 500,000
합계				(①+②+③+④+⑤+⑥)

출자자명		출자전 **(액면가액 기준)**		금회출자 **(액면가액 기준)**		출자후 **(액면가액 기준)**	
		금액	비율(%)	금액	비율(%)	금액	비율(%)
한국 측 (①)	㈜리오(양수인)	2,500,000	71.4	500,000	100.0	3,000,000	85.7%
	(주)한국기공 **(공동투자자)**	500,000	14.3	△500,000	△100.0	–	–
현지 측 (②)	ABC COMPANY **(합작투자자)**	500,000	14.3			500,000	14.3
제3국 (③)							
합계(①+②+③)		3,500,000	100.0			3,500,000	100.0

② 대부투자

대부액			자금용도		
이율			기간		
원금상환방법			이자징수방법	□ 연 1회	□ 연 2회
대부자금 조달방법	자기자금			차입금	

4. 사업 개요 및 투자 필요성

자유양식으로 작성

5. 현지법인 자금조달 및 운용계획

(단위: 미불)

자금운용		자금조달	
항목	금액	항목	금액
토지 건물 기계설비 운영자금		차입금	△USD 500,000
		자본금 및 자본잉여금	USD 500,000

※ 자금운용금액과 자금조달금액의 합은 일치하여야 함

② 기주지 긴 대부채권 진액 양수도

> ### CASE 6-①: 다른 거주자에게 투자금액을 전액 양도하는 경우
> ### → 거주자 간 해외직접투자 양수도 신고
>
> 양도인: ㈜리오
> 양수인: ㈜삼진
> 양도대상 현지법인: LIOH AMERICA CO.
> 양도 투자금액: USD 3,000,000

외국환거래법은 주식이나 출자지분취득에 의한 해외직접투자(법 제3조 제1항 제18호, 시행령 제8조 제1항 제1호)와 기투자한 외국법인에 대한 상환기간 1년 이상의 금전대여(법 제3조 제1항 제18호, 시행령 제8조 제1항 제4호)에 의한 해외직접투자를 구분하고 있다.

한편 개정 전 규정이나 개정 후 규정 모두 거주자 간 "주식 또는 지분 양·수도"에 대하여는 별도로 명시하고 있으나, 거주자 간 "대여금 채권 양·수도"에 대하여는 별다른 언급이 없다. 규정에서 말하는 "지분"이란 외국 환거래법 시행령 제8조 제1항 제1호에서 말하는 "출자지분"일 것이므로 거 주자간 대여금 채권 양·수도를 이에 해당한다고 보기는 어렵다. 그러나 실 무적으로는 거주자 간 대여금 채권 양·수도도 규정 제9-5조 제2항 제1호 및 제9-9조 제1항 제9호의 거주자간 주식 또는 지분의 매각에 준하여 처리하 고, 지침서식 제9-8 거주자 간 해외직접투자 양수도 신고(보고)서를 사용하여 보고하고 있는 것으로 보인다.[23]

이와 같은 실무처리에 의하면 2023. 7. 4. 이전에는 거주자 간 해외직접투 자 대여금 양·수도 시에도 양도인인 거주자는 양수도에 관한 보고를 하여 야 하고, 양수인은 양수인의 지정거래 외국환은행에 해외직접투자 신규신고 를 하여야 한다. 2023. 7. 4. 이후에는 양도인과 양수인 모두 사후보고를 하 여야 한다.

---

[23] 이는 거주자 간 대여금 채권 양수도에 의한 해외직접투자 상황을 당초 규정 제정 당시 상정하지 못한 데서 오 는 미비로 볼 수도 있다.

바) 거주자 간 해외직접투자 양수도 신고(보고)

〈지침서식 제9-8호〉

거주자간 해외직접투자 양수도 신고(보고)서

1. 양도인

상호 또는 성명	(주)리오 (인)	사업자(주민등록)번호	123-45-67890
소재지(주소)	서울시 강남구 영동대로 517		
투자자규모	☑ 대기업 □ 중소기업 □ 개인사업자 □ 개인		

2. 양수인

상호 또는 성명	(주)삼진 (인)	대표자명	김민진
사업자(주민등록)번호	123-45-67800	법인등록번호	123456-1234500
담당자 및 연락처	과장 이재성 (Tel.)02-123-4567		
소재지(주소)	서울시 강남구 영동대로 517		
지정거래외국환은행	KEB하나은행 ○○지점		
투자자규모	☑ 대기업 □ 중소기업 □ 개인사업자 □ 개인		

3. 양수도 현지법인 현황

법인명	LIOH AMERICA CO.	설립등기일	2008년 7월 31일
소재지(주소)	3655 N 1t st, San Jose CA 95135, U.S.A.		
신고일자		신고번호	
투자내역	□ 투자금액: USD 3,000,000 □ 투자비율: 85.7%		

4. 양수도 내역 (☑ 전액양수도 □ 부분양수도)

투자지분 양도내역	□ 투자금액: USD 3,000,000 □ 투자비율: 85.7%		
양수도일자	2018-12-30	양수도가액	USD 3,700,000

외국환거래법 제18조 및 **제20조 제1항**의 규정에 의하여 위와 같이 **신고(보고)**합니다.

2018년 11월 30일

외국환은행의 장 귀하

	신고번호	
	신고일자	

신고기관: ⑩

【첨부서류】
가. 양수도계약서
나. 양수인 사업자등록증 또는 주민등록증 등 실명확인증표
다. 양수인의 납세증명서, 신용정보조회표(법인의 경우 대표자 포함)
라. 3영업일 이내에 발급된 주민등록등본(개인에 한함)

사) 위반사례

【외국환거래 위반사례 ⑦】

○ 위규사례 50: 거주자 간 지분양수도에 의한 해외직접투자 신고 누락

- 위규내역: 거주자 ○○○은 ① 지정거래외국환은행장에 신고하지 않고, ② 태국현지법인 △△△에 해외직접투자한 거주자 ㈜□□□로부터 해당 현지법인의 지분 78.6%를 인수
→ 해외직접투자 변경보고 및 해외직접투자 신고 누락(규정 제9-5조)
- 유의사항: 해외직접투자 후 거주자 간 해외 현지법인의 지분 양수도를 하는 경우 양도인은 해외직접투자의 변경보고를, 양수인은 해외직접투자의 신고를 하여야 함
- 은행은 해외직접투자 신고 시 거주자에게 지분을 양도하는 경우 양도인에게는 해외직접투자의 변경보고를, 양수인에게는 해외직접투자의 신고가 필요함을 안내

(금융감독원, 외국환거래위반사례집, 2019. 11., p. 144)

아) 2023. 7. 4. 이후 관련 규정

【개정 후 규정】

제9-5조(해외직접투자의 신고 등)

② 제1항의 규정에도 불구하고, 거주자가 다음 각호의 1에 해당하는 해외직접투자를 하고자 하는 경우에는 거래가 있은 날로부터 3개월 이내에 사후보고를 할 수 있다.

  1. 거주자가 해외직접투자를 한 거주자로부터 당해 주식 또는 지분을 양수받아 해외직접투자를 하고자 하는 경우

:

③ 해외직접투자를 하고자 하는 자는 별지 제9-1호 서식의 해외직접투자 신고서(보고서)에 다음 각호의 서류를 첨부하여 당해 신고 또는 보고기관에 제출하여야 한다. 제2항에 따른 사후보고의 경우에도 같다. 다만, 제4항에 따라 이미 제출한 서류는 제출하지 아니할 수 있다.

제9-9조(사후관리)

① 해외직접투자자는 다음 각호의 1의 보고서 또는 서류를 다음 각호의 1에서 정한 기일 내에 당해 신고기관의 장에게 제출하여야 한다. 다만, 해외직접투자자 또는 투자한 현지법인의 휴·폐업, 현지의 재난·재해 등 불가피한 사유로 해외직접투자자가 보고서 등을 제출하는 것이 불가능하다고 신고기관의 장이 인정하는 경우에는 당해 불가피한 사유가 해소되기 전까지 다음 각호의 1의 보고서 또는 서류를 제출하지 아니할 수 있다.

:

  9. 해외직접투자를 한 거주자가 다른 거주자에게 당해 주식 또는 지분을 매각하는 경우: 변경사유가 발생한 후 3개월 이내

2023. 7. 4. 이후부터는 개정된 외국환거래법 시행령 및 규정이 적용되므로 거주자 간 주식 또는 지분 매각은 모두 사후보고 대상이 된다. 2023년 7월 현재 개정 규정을 반영한 지침을 마련 중에 있으나, 기존과 달라진 것은 양수인의 "신규신고 의무"가 "사후 변경보고 의무"로 변한 것뿐 해외직접투자에 따른 해외직접투자 신고서(보고서) 및 기타 서류의 제출은 그대로 유지되므로(규정 제9-5조 제2항 제1호, 규정 제9-5조 제3항) 개정 전과 같은 서류의 제출은 그대로 적용될 것으로 예상된다.

2) 비거주자 앞 양도

비거주자 앞 기투자한 해외직접투자의 주식이나 지분, 또는 대부투자금을 양도하는 것은 전액을 양도하는 경우와 일부를 양도하는 경우로 나눌 수 있다. 일견 전부 양도나 일부 양도 모두 기투자한 해외직접투자의 내용변경에 해당하는 것은 아닌가 의문이 들 수 있으나, 규정은 비거주자 앞 전액 양도하는 것을 당해 해외직접투자의 "청산"에 해당하는 것으로 보고 있다. 이는 외국환의 반출, 반입을 엄격히 관리하고자 하는 외국환거래법의 취지상 거주자가 비거주자에게 주식이나 지분, 대부투자금을 전액 양도하고 이에 대한 대가로 양수대금을 수취하는 것을 일종의 "투자금 회수"로 보고, 청산에 준하여 처리하는 것으로 볼 수 있다(규정 제9-6조 적용). 반면 일부 양도의 경우에는 규정 제9-9조에 따른 변경보고 대상이 된다. 양수인인 비거주자는 규정에 따른 보고나 신고 대상이 아니다.

가) 비거주자 앞 전부 양도 관련 규정

【규정】

제9-6조(해외직접투자사업의 청산)

① 해외직접투자자가 투자사업을 청산할 때에는 분배잔여재산을 제9-4조의 규정에 따라 즉시 국내로 회수하고 청산관련 서류를 신고기관에 보고하여야 한다.

지침도 비거주자에의 전액 지분매각은 규정 제9-6조(해외직접투자사업의 청산)에 의한다고 하고 있다. 청산의 경우 즉시 보고 대상으로 지분이나 대부금 전액 양도에 따른 양수대금 영수 또는 원리금 회수 즉시 양도인인 거주자는 지침서식 9-14호에 의한 해외직접투자사업 청산 및 대부채권 회수보고서(금전대여의 경우 원리금 회수내용 포함)를 제출하여야 한다. 또한 실무적으로 동 보고서상 비거주자 앞 지분 매각에 관한 내용을 적는 칸이 없으므로 끝부분에 매각 정보를 요약하여 부기한다. 동 보고서의 작성례 등은 「VI. 해외직접투자사업의 청산」에서 살펴보기로 한다.

해외직접투자사업 청산 및 대부채권 회수보고서

□ 청산   □ 대부채권 회수

1. 투자자 현황

(담당자명: 전화번호:)

상호 또는 성명		사업자(주민)등록번호	
소재지(주소)			

2. 현지법인에 관한 사항

현지법인명	
소재지(주소)	
법인형태	□ 법인 □ 개인기업 □ 기타 □ 해외자원개발사업

법인형태	□ 법인 □ 개인기업 □ 기타 □ 해외자원개발사업	납입자본금	
투자형태[1]	□ 단독투자 □ 공동투자 □ 합작투자(한국 측 투자비율: %)		

주 1) "공동투자"라 함은 국내투자자와 공동으로 투자하는 경우를 의미하며 "합작투자"라 함은 비거주자
와 합작으로 투자하는 경우를 의미함.

3. 대부금 회수 내역

		일자	원금
대부금액			
회수 금액	기 회수금액		
	금회 회수금액		
잔액			

4. 잔여자산 회수 내역

    가. 해산개시일(해산등기일):   청산종료일:
    나. 청산등기일 현재의 재산상황

자산	금액	부채 및 자본	금액
유동자산 투자및기타자산 고정자산 이연자산		유동부채 고정부채 이연부채 자본금 잉여금	
계	(US$)	계	(US$)

* 환산율: US$ 1=

   다. 청산손익(해산일로부터 청산종료일까지의 손익):

   라. 회수되어야 할 재산[("나"의 순재산액±"다")×한국측 투자비율]:

   마. 회수재산 내역

(단위:)

구분 회수일자	회수재산의 종류	금액	비고
계			

주) 금액단위가 US$ 이외인 경우는 US$에 의한 환산액을 비고란에 기입할 것

   바. 회수가 불가능한 재산이 있을 경우 그 내역 및 사유:

5. 첨부서류

   가. 청산인 경우

     - 등기부등본 등 청산종료를 입증할 수 있는 서류

     - 청산손익계산서 및 잔여재산 분배전의 대차대조표

     - 잔여재산(증권의 전부 양도인 경우에는 양도대금) 회수에 대한 외국환은행의 외화매입 증명서(송금처 명기), 또는 현물회수의 경우 세관의 수입신고필증

   나. 대부채권 회수인 경우

     - 외환매입 또는 예치증명서(송금처 명기)

※ 본 보고서는 국내회수 후 즉시 보고하여야 함. 다만, 해외에서 인정된 자본거래로 전환하는 경우에는 전환 전에 보고할 것

해외직접투자사업 청산 및 대부채권 회수보고 관련 유의사항

1. 청산 즉시 잔여재산 또는 원리금을 반드시 지정거래외국환은행을 통해 회수하고, 회수 즉시 신고기관의 장에게 청산보고를 해야 함

2. 비거주자에게 지분 전액 매각은 청산절차에 준하여 보고해야 함

3. 청산보고서 내용과 첨부서류 내용이 일치해야 함

4. 청산보고서를 제출할 경우에는 현지 공인회계사의 감사를 받은 감사보고서(현지공인회계사가 확인한 결산서 또는 세무보고서로 갈음 가능)를 같이 제출해야 함

5. 청산 후 분배잔여재산을 외국에서 외국환거래규정에 의해 인정된 자본거래를 하고자 하는 경우에는 청산자금을 국내로 회수하지 않고 청산 보고를 한 후 해외에서 운용 가능함

6. 잔여재산을 회수하지 않거나 청산보고를 하지 않은 경우 형사벌칙 또는 과태료 등 행정처분을 받을 수 있음

※ 주요항목 기재 요령
- 해산개시일: 현지법인 해산을 의결하고 현지국의 법원에 해산등기를 한 날
- 청산종료일: 해산등기 후 잔여재산을 현금화하여 투자 지분율에 따라 현금 수취를 종료한 날
- 청산등기일 현재의 재산상황: 해산등기일 현재의 요약대차대조표를 기준으로 작성
- 청산손익: 해산개시일로부터 청산종료일까지의 손익
- 회수되어야 할 재산: 요약대차대조표상의 순재산액(자산총액-부채총액)±청산손익)×한국 측 투자비율
- 회수재산내역: 회수일자별 회수재산의 종류 및 금액

나) 비거주자 앞 일부 양도

이 경우 개정 전 및 개정 후 모두 해외직접투자의 변경보고를 하여야 한다(개정 전 규정 제9-5조 제2항, 개정 후 규정 제9-9조 제1항 제8호). 또한 투자지분의 일부를 비거주자에게 양도하는 경우 양도 시점의 순자산액에 비추어 양도가액이 적정한지 여부를 검토하여야 한다(지침 제9장 제1절 제2관 항목 2 내용 2 확인 및 유의사항 4).

V
해외직접투자의
사후관리

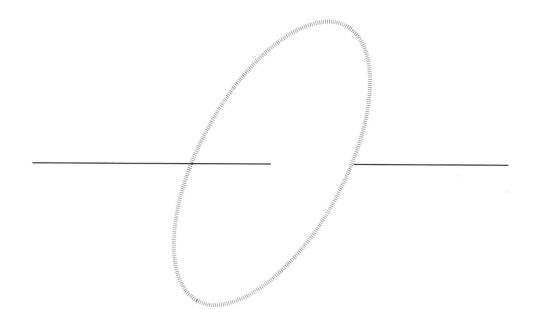

1. 사후보고 과정 및 관련 규정

현행 외국환거래법 및 규정은 입법취지에도 불구하고 규제 중심 철학이 적지 않게 녹아 있는바, 외국환의 반출, 반입도 엄격히 관리된다. 해외직접투자의 경우 지분이나 주식 취득 또는 대부금 투자를 위한 자금이 반출되므로 [24] 이러한 외국환의 반출에서부터 반입까지의 전 과정이 관리대상이 된다.

먼저 ① 해외직접투자를 하려면 사전신고를 하도록 하고, ② 실제 신고한 바대로 투자가 되었는지 송금 또는 투자보고서를 받아 확인하며, ③ 투자한 바에 따라 외화증권(지분투자)이나 외화채권(대부투자)을 취득했는지 확인하고, ④ 투자한 해외현지법인의 현황도 보고받으며, ⑤ 해외직접투자 원금과 과실은 반드시 국내에 회수하도록 하고 이러한 청산 시 청산보고를 받는다. 이하에서는 해외직접투자 사전신고 후 이루어지는 ②부터의 사후관리를 과정별로 살펴보기로 한다. 이러한 사후관리 의무는 규정 제9-9조에 규정되어 있다.

---

24 해외직접투자 수단은 지급수단 외에도 현지법인의 이익유보금, 자본잉여금, 자본재 등이 있을 수 있다(규정 제9-1조의2).

기. 시후보고 과정

나. 관련 규정

제9-9조(사후관리)

① 해외직접투자자는 다음 각호의 1의 보고서 또는 서류를 다음 각호의 1에서 정한 기일 내에 당해 신고기관의 장에게 제출하여야 한다. 다만, 해외직접투자자 또는 투자한 현지법인의 휴·폐업, 현지의 재난·재해 등 불가피한 사유로 해외직접투자자가 보고서 등을 제출하는 것이 불가능하다고 신고기관의 장이 인정하는 경우에는 당해 불가피한 사유가 해소되기 전까지 다음 각호의 1의 보고서 또는 서류를 제출하지 아니할 수 있다.

1. 외화증권(채권)취득보고서(법인 및 개인기업 설립보고서를 포함): 투자금액 납입 또는 대여자금 제공 후 6월 이내. 다만 영 제8조 제2항 제3호의 규정에 의한 해외자원개발사업 및 사회간접자본개발사업으로서 법인 형태가 아닌 투자의 경우에는 제출을 면제한다.

   :

4. 송금(투자)보고서: 송금 또는 투자 즉시(투자금액을 현지금융으로 현지에서 조달하는 경우 투자시점)

   :

5. 연간사업실적보고서(해외자원개발사업 및 사회간접자본개발사업으로서 법인 형태가 아닌 투자의 경우는 제외함): 회계기간 종료 후 5월 이내. 다만, 신고기관의 장은 부동산관련업 이외의 투자사업으로서 투자금액의 합계가 미화 100만불 이하인 경우에는 제출을 면제할 수 있으며, 미화 300만불 이하인 경우에는 현지법인 투자현황표(지침서식 제9-16호)로 갈음할 수 있다.

6. 청산보고서(금전대여의 경우 원리금회수내용을 포함한다): 청산자금 수령 또는 원리금회수 후 즉시

   :

8. 거주자가 동 규정 제9-5조 제1항의 규정에 의하여 신고하거나 보고한 내용을 변경하려는 경우: 변경사유가 발생한 회계기간 종료 후 5월 이내

9. 해외직접투자를 한 거주자가 다른 거주자에게 당해 주식 또는 지분을 매각하는 경우: 변경사유가 발생한 후 3개월 이내

10. 기타 신고기관이 해외직접투자의 사후관리에 필요하다고 인정하여 요구하는 서류

【지침】

제9장 제1절 제1관

<해외직접투자사업의 사후관리 및 보고서 등의 제출>

1. 신고기관의 장은 해외직접투자 관리대장(지침서식 제9-18호)을 작성해야 함 다만, 전산으로 관리하는 경우에는 관리대장을 작성한 것으로 갈음함

2. 해외직접투자자는 다음 각목 1의 보고서 또는 서류를 정한 기일 내에 당해 신고기관에 제출하여야 함. 다만, 신고기관의 장이 해외직접투자자 또는 투자한 현지법인의 휴·폐업 등으로 인해 보고서 등의 제출이 불가능하다고 인정하는 경우에는 해당 보고서 등을 제출하지 아니할 수 있음(규정 제9-9조 제1항)

  가. 외화증권(채권)취득보고서(법인 및 개인기업 설립보고서를 포함): 투자금액 납입 또는 대여자금 제공후 6월 이내. 다만 영 제8조 제2항 제3호의 규정에 의한 해외자원개발사업 및 사회간접자본개발사업으로서 법인 형태가 아닌 투자의 경우에는 제출을 면제함

  ※ 다만, 공통확인 및 유의사항 제12호에 해당하는 경우에는 대부투자 신고 시에 외화증권(채권)취득보고서(지침서식 제9-10호)를 제출해야 함

  나. 송금(투자)보고서: 송금 또는 투자 즉시(투자금액을 현지금융으로 현지에서 조달하는 경우 투자시점)

  ☞ 신고한 지정거래외국환은행을 통하여 송금한 경우 송금 cable 등으로 송금(투자)보고서에 갈음할 수 있음

  다. 연간사업실적보고서(해외자원개발사업 및 사회간접자본개발사업으로서 법인 형태가 아닌 투자의 경우는 제외함): 회계기간 종료 후 5월 이내. 다만, 신고기관의 장은 부동산관련업 이외의 투자사업으로서 투자금액의 합계가 미화 200만불 이하인 경우에는 제출을 면제할 수 있으며, 미화 300만불 이하인 경우에는 현지법인 투자현황표(지침서식 제9-16호)로 갈음할 수 있음

  라. 해외직접투자사업 청산 및 대부채권 회수보고서(금전대여의 경우 원리금 회수내용 포함): 청산자금 영수 또는 원리금 회수 후 즉시

  ※ 해외에서 인정된 자본거래로 전환하는 경우에는 전환 전에 청산보고 할 것

  ※ 비거주자에의 전액 지분매각은 청산에 준함

  마. 청산보고서를 제출할 경우에는 청산 시 회수자금을 증빙할 수 있는 서류를 함께 제출해야 함

  ※ 단, 누적 투자금액 10만불 이하인 경우에는 제출하지 아니할 수 있음

  바. 기타 신고기관이 해외직접투자의 사후관리에 필요하다고 인정하여 요구하는 서류

앞서 살펴본 바와 같이 2023. 7. 4. 자 규정 개정 시 기존의 변경보고 기한

을 연장하면서 일괄 정기보고 대상으로 변경하였다. 다만, 거주자 간 해외직접투자 주식 또는 지분 양도는 기존과 동일하게 변경사유 발생일로부터 3개월로 하였다.

2. 송금(두사)보고서

해외직접투자자는 해외직접투자의 신고를 받은 날[25](장기투자를 요하는 해외직접투자사업의 경우에는 신고서에 명시된 예정투자일)부터 1년 이내에 신고내용에 따라 당해 지급을 하여야 하며 그 기간 내에 이를 하지 아니한 경우 그 신고서의 효력은 상실된다. 다만, 동 기간 내에 당해 지급을 할 수 없는 부득이한 사유가 발생한 때에는 당해 신고기관에 유효기간 연장을 신고하여야 한다(규정 제9장 제1절 제1관 〈공통확인 및 유의사항〉 5번).

이러한 신고내용에 따른 지급, 즉 송금 또는 투자 시에는 즉시 송금(투자)보고서를 제출하여야 한다(투자금액을 현지금융으로 현지에서 조달하는 경우 투자시점에 제출: 규정 제9-9조 제1항 제4호). 양식은 다음과 같다.

---

25 정확히 말하면 해외직접투자자가 신고를 하여 "수리"를 받은 날일 것이다.

송금(투자)보고서

1. 투자자명:　　　　　　　　　　(담당자명:　　　　　　전화번호:　　　　　　)

2. 투자 내용
　　가. 신고일자 및 신고번호:
　　나. 투자국명:
　　다. 투자업종:
　　라. 현지법인명:

3. 송금상대방
　　가. 수취인:
　　나. 구좌번호:

4. 투자(송금)내용

　　가. 투자 신고액
　　　(1) 증권투자: US$　　　　　(현지화:　　　　　)
　　　(2) 대부투자: US$　　　　　(현지화:　　　　　)
　　　(3) 기타(　): US$　　　　　(현지화:　　　　　)

　　나. 투자(송금)내용

자금조달재원	일자	투자(송금)액 (US$ 환산액)	투자방법	비고 (현지화)
현금				
현물				
주식				
이익잉여금				
기술투자				
기타(　　)				

5. 첨부서류
　　가. 수출신고필증(현물출자인 경우) 등
　　　1) 본 보고서는 투자(송금)후 즉시 제출할 것
　　　2) 지정거래외국환은행을 통하여 송금한 경우 송금 CABLE(전신문) 등으로 송금(투자)보고서에 갈음할 수 있음

지정거래외국환은행을 통하여 송금한 경우 송금 cable 등으로 송금(투자)보고서에 갈음할 수 있다. 외화송금 방식이 아닌 투자(예를 들면 현물출자, 출자전환 등)인 경우에는 위 양식에 의한 송금(투자)보고서를 징구하며, 이 외에도 한국은행에 금전대차계약 신고(규정 제7-16조 제1항에 의거 거주자의 현지법인에 대한 상환기간 1년 미만의 대출을 신고) 후 해외직접투자(대부투자)로 신고하는 경우에는 대부투자 신고 시에 외화증권(채권)취득보고서(지침서식 제9-10호)를 제출해야 한다(지침 제9장 제1절 제1관 〈해외직접투자사업의 사후관리 및 보고서 등의 제출〉 2.가. 별표).

가. 작성례

지분 또는 주식 취득 또는 상환기간 1년 이상의 대여 방식에 의한 해외직접투자의 경우 지정거래 외국환은행을 통하여 투자대금을 송금하기 때문에 송금(투자)보고서를 작성, 제출할 일은 없다. 이 경우 송금 cable로 송금(투자)보고서를 갈음하기 때문이다. 다만 기투자 대여금의 출자전환 등과 같이 지정거래 외국환은행을 통한 송금이 아닌 방식으로 해외직접투자 대금이 지급되는 경우에는 송금(투자)보고서를 작성 및 제출한다.

CASE 4-②: 해외직접투자 지분투자(증액) 신고

신고인(투자자): ㈜리오

투자대상 현지법인: LIOH AMERICA CO.

투자방법: 지분투자

투자금액(취득가액): USD 500,000

액면가액: USD 500,000

송금(투자)보고서 양식은 지침서식 제9-9호로 정하여져 있다. 상기 사례에서 작성례는 다음과 같다.

송금(투자)보고서

1. 투자자명: (주)리오 (담당자명: 오정현, 전화번호: 02-123-4567)

2. 투자 내용
 가. 신고일자 및 신고번호: 2018-10-30, 신고번호 기재
 나. 투자국명: 미국
 다. 투자업종: 치과용기기 도매
 라. 현지법인명: LIOH AMERICA CO.

3. 송금상대방
 가. 수취인:
 나. 구좌번호:

4. 투자(송금)내용

 가. 투자 신고액
  (1) 증권투자: US$ 500,000   (현지화:)
  (2) 대부투자: US$ (현지화:)
  (3) 기타( ): US$ (현지화:)

 나. 투자(송금)내용

자금조달재원	일자	투자(송금)액 (US$ 환산액)	투자방법	비고 (현지화)
현금				
현물				
주식				
이익잉여금				
기술투자				
기타(대여금 출자전환)	**2018-10-30**	**500,000**	**대여금 출자전환**	

5. 첨부서류
 가. 수출신고필증(현물출자인 경우) 등
  1) 본 보고서는 투자(송금)후 즉시 제출할 것
  2) 지정거래외국환은행을 통하여 송금한 경우 송금 CABLE(전신문) 등으로 송금(투자)보고서에 갈
   음할 수 있음

3. 외화증권(채권)취득보고서
(법인 및 개인기업 설립보고서 포함)

투자금 또는 대여금을 납입한 때에는 납입 후 6개월 이내에 외화증권(채권) 취득보고를 하여야 한다(규정 제9-9조 제1항 제1호). 지분투자인 경우에는 외화증권취득보고를, 대부투자인 경우에는 외화채권취득보고를 한다. 동 보고서의 양식은 지침서식 제9-10호로 정하여져 있으며 양식은 다음과 같다.

외화증권(채권)취득보고서(법인 및 개인기업 설립보고서 포함)

□ 외화증권   □ 외화채권

1. 투자자 현황

(담당자명: 전화번호:)

상호 또는 성명		설립연월일	
소재지(주소)			
투자자규모	□ 대기업 □ 중소기업 □ 개인사업자 □ 개인		
신고일자		신고번호	

2. 현지법인현황

법인명			
소재지(주소)			
법인형태	□ 법인 □ 개인기업 □ 기타 □ 해외자원개발사업	납입자본금	
투자형태[1]	□ 단독투자 □ 공동투자 □ 합작투자(한국측 투자비율: %)		
설립등기일		영업개시(예정)일	결산일

주 1) "공동투자"라 함은 국내투자자와 공동으로 투자하는 경우를 의미하며 "합작투자"라 함은 비거주자와 합작으로 투자하는 경우를 의미함.

3. 외화증권취득 내용

증권취득일(자본금출자일)		증권종류	
액면가액합계		취득가액합계	
증권발행여부	□ 증권발행 □ 증권미발행		

4. 외화채권취득 내용

채권취득일		대부원금	
이자율		대부기간	
원금회수방법	□ 만기일시회수 □ 분할회수(회)		

【첨부서류】
※ 투자금액(대여자금) 납입(제공)후 6월 이내에 제출할 것
1. 외화증권취득인 경우
    가. 현지법인 설립인 경우
        - 등기부등본 또는 공증서류
        - 증권 사본(※증권발행이 없는 경우 출자내용을 입증할 수 있는 서류(출자증명서 등))
    나. 개인기업 영위인 경우
        - 사업영위사실을 입증(당해 현물출자 이행사항 포함)할 수 있는 공증서류
2. 외화채권취득인 경우(대부투자)
    - 대부 상대방의 대부금 영수증명서 또는 약속어음

외화증권(채권)취득보고 관련 유의사항

1. 외화증권(채권)취득보고서의 내용과 첨부서류의 내용은 반드시 일치해야 함(취득일, 법인명, 액면가액 등 일치 여부 확인할 것)

2. 해외투자자는 현지법인을 설립한 경우 회사설립 내용을 나타내는 등기부등본(중국의 경우 공증서)과 해외투자자의 현지법인에 대한 자본금 출자내용을 나타내는 증권사본을 제출해야 하나, 현지법상 증권발행이 없는 경우(중국, 베트남, 독일 등)에는 증권사본 대신에 해외투자자의 현지법인에 대한 출자내용을 입증할 수 있는 서류를 제출해야 함(예: 중국의 경우, 험자보고서 등)

3. 투자금액 또는 대여자금 송금 후 6개월 이내에 외화증권(채권)취득보고서와 관련 증빙서류를 제출하지 않을 경우, 형사벌칙 또는 과태료 등 행정처분을 받을 수 있음

※ 주요항목 기재 요령
 - 납입자본금: 본 보고금액 포함한 보고시점까지의 현지법인의 납입 총 자본금을 기재
 - 증권종류: 보통주, 우선주 등을 말하며 의결권이 없는 우선주 등을 취득하는 경우에는 해외직접투자 신고 대상이 아님
 - 액면가액: 증권에 기재되어 있는 액면가×수량
 - 취득가액: 계약상 취득한 증권의 주당 가격×수량, 혹은 계약상 취득가액
※ 액면가액과 취득가액이 불일치하는 경우에는 최초 신고시 주식가치평가보고서를 제출한 경우만 인정함
 - 증권발행 여부: 증권발행과 증권미발행 중 선택하며, 증권미발행인 경우 출자증명서 등을 제출해야 함
 - 채권취득일: 차주에게 자금이 입금된 날짜
 - 대부원금: 신고금액이 아닌 채권취득 보고 대상금액(송금액) 기재

가. 외화증권취득보고

지분이나 주식 투자를 통한 해외직접투자의 경우 증권(주권) 발행 시 증권

(사본)을 제출하여야 하며, 증권(주권)을 발행하지 않는 경우에는 해당 투자금이 현지법인 자본금으로 전환되었음을 입증할 수 있는 서류를 제출하여야 한다. 이러한 서류로는 해당 국가 기관 발급 서류, 현지 공인회계사 등이 작성한 출자 확인서, 등기부등본, 공증서류, 해당 국가 자본금 납입 전용계정 입금 증빙서류 등이 있다.

또한 외화증권취득보고 시 해외직접투자의 대상이 되는 법인 또는 개인기업의 설립보고가 같이 되게 되는바, 현지법인을 설립하는 경우에는 등기부등본이나 공증서류를, 개인기업인 경우에는 사업영위사실을 입증할 수 있는 서류를 제출하여야 한다. 동 외화증권(채권)취득보고서의 내용과 첨부서류의 내용은 반드시 일치해야 한다(취득일, 법인명, 액면가액 등 일치 여부 확인).

나. 외화채권취득보고

대부투자의 경우에는 대부 상대방의 대부금 영수증명서 또는 약속어음을 제출받는다. 통상 현지법인 거래은행이 발급한 외화지급증빙을 제출받는다. 사례를 통해 외화채권취득보고서 작성례를 살펴본다.

1) 작성례

CASE 3: 해외직접투자 대부투자 신고

신고인(투자자): ㈜리오

투자대상 현지법인: LIOH AMERICA CO.

투자방법: 대부투자

투자금액: USD 500,000

상기 사례에서 외화증권(채권)취득보고서 작성례는 다음과 같다.

〈지침서식 제9-10호〉

외화증권(채권)취득보고서(법인 및 개인기업 설립보고서 포함)

☐ 외화증권　　☑ 외화채권

1. 투자자 현황

(담당자명: 오정현　전화번호: 02-123-4567)

상호 또는 성명	(주)리오	설립연월일	2003년 3월 1일
소재지(주소)	서울시 강남구 영동대로 517		
투자자규모	☑ 대기업　☐ 중소기업　☐ 개인사업자　☐ 개인		
신고일자	2018년 6월 30일	신고번호	OO-O-OOOO-OO-OOOOO

2. 현지법인현황

법인명	LIOH AMERICA CO.		
소재지(주소)	3655 N 1t st, San Jose CA 95135, U.S.A.		
법인형태	☑ 법인　☐ 개인기업 ☐ 기타　☐ 해외자원개발사업	납입자본금	USD 3,000,000
투자형태[1]	☐ 단독투자　☑ 공동투자　☑ 합작투자(한국측 투자비율: 66.7%)		
설립등기일	2008년 7월 31일	영업개시(예정)일 2008년 7월 31일	결산일　매년 12월 31일

주 1) "공동투자"라 함은 국내투자자와 공동으로 투자하는 경우를 의미하며 "합작투자"라 함은 비거주자와 합작으로 투자하는 경우를 의미함.

3. 외화증권취득 내용

증권취득일(자본금출자일)		증권종류	
액면가액합계		취득가액합계	
증권발행여부	☐ 증권발행　☐ 증권미발행		

4. 외화채권취득 내용

채권취득일	2018년 10월 1일	대부원금	USD 500,000
이자율	연 4.50%	대부기간	1년
원금회수방법	☐ 만기일시회수　☐ 분할회수(　　회)		

【첨부서류】
※ 투자금액(대여자금) 납입(제공)후 6월 이내에 제출할 것
1. 외화증권취득인 경우
　　가. 현지법인 설립인 경우
　　　　- 등기부등본 또는 공증서류
　　　　- 증권 사본(※증권발행이 없는 경우 출자내용을 입증할 수 있는 서류(출자증명서 등))
　　나. 개인기업 영위인 경우
　　　　- 사업영위사실을 입증(당해 현물출자 이행사항 포함)할 수 있는 공증서류
2. 외화채권취득인 경우(대부투자)
　　- 대부 상대방의 대부금 영수증명서 또는 약속어음

4. 연간사업실적보고서

연간사업실적보고서(해외자원개발사업 및 사회간접자본개발사업으로서 법인 형태가 아닌 투자의 경우는 제외함)는 회계기간 종료 후 5월 이내 제출한다. 다만, 신고기관의 장은 부동산관련업 이외의 투자사업으로서 투자금액의 합계가 미화 200만불 이하인 경우에는 제출을 면제할 수 있으며, 미화 300만불 이하인 경우에는 현지법인 투자현황표(지침서식 제9-16호)로 갈음할 수 있다(규정 제9-9조 제1항 제5호).

또한 동 보고서는 각 현지법인별로 제출하며, 제출기간인 회계기간 종료 후 5개월 이내는 각 현지법인의 회계기간(결산월)을 기준으로 한다. 지침은 이러한 규정의 내용에 따라 다음과 같이 서식을 나누어 정하고 있다.

투자금액	서식	서식명
1,000만불 초과	지침서식 9-15호	투자잔액* 1,000만불 초과 기업 연간사업실적보고서
300만불이상 ~ 1,000만불	지침서식 9-15-1호	투자잔액 300만불 초과 1,000만불 이하 기업 연간사업실적보고서
200만불 이상 ~ 300만불	지침서식 9-16호	투자잔액 200만불 초과 300만불 이하 기업 현지법인 투자현황표

* 현지법인 투자잔액 = 직전년도말 기준 누적 지분투자잔액(신고 후 실제 송금액 - 회수액)

가. 투자잔액 1,000만불 초과 기업 연긴사업실적보고서

양식은 지침서식 제9-15호로 정하여져 있다.

투자잔액 1,000만불 초과 기업

연간사업실적보고서

(결산기: 년 월 일 ~ 년 월 일)

1. 한국투자자(모기업) 개요

투자자명				계열명	
담당자	소속부서:	직성명:		전화:	
업종(중분류)[1]		자기자본	백만원	사후관리은행	
투자자 법인성격	☐ 실제영업법인		☐ 특수목적회사(SPC)		
외국인투자기업[2] 여부	☐ 아니오	☐ 예 - 최대주주명:　　　(지분율:　%)[3] - 최대주주 소속 국가:			

주)

1. 통계청 한국표준산업분류표상 중분류코드 병기(예: 의복제조 1810), 업종이 두 가지 이상의 경우 매출액이 많은 업종순으로 모두 기재

2. 외국인투자기업은 외국투자자가 외국인투자촉진법에 의해 출자한 기업을 말함

3. 지분율이 50%를 초과할 경우 최대주주의 최대주주 소속국가: ＿＿＿＿＿＿＿＿

　　및 최대주주명: ＿＿＿＿＿＿＿＿＿＿ (지분율:　　　%)

2. 현지법인 개요

법인명[1]		대표자		
소재지 (국가, 주, 성)[2]				
투자업종[3]		주요취급품목[4]		
인원현황	임원: ( ) 관리직: ( ) 생산직: ( ) 영업직: ( ) * ( )는 한국인			
설립등기일		영업개시일		
법인성격	☐ 실제영업법인 ☐ 특수목적회사(SPC) - 최종 투자목적국: - 최종 투자업종:	설립 형태	☐ 신설법인 설립 ☐ 기존법인 지분인수 - 지분인수비율:　　% (구주:　%, 신주:　%)[5]	
투자형태[6]	☐ 단독투자 ☐ 공동투자 ☐ 합작투자(한국 측 투자비율:　　%)			
지배구조	☐ 비지주회사 ☐ 지주회사(자회사수:　개, 주된 매출 자회사 업종:　　)			

주주현황[7]	국가	상호 또는 성명	지분율 (%) 금기말	순투자액[8] (천미불) 전기말	금기말	계열여부[9]
	합계		100.0			

		전기말	금기말
현지법인 자본현황	자본금	천미불	천미불
	자본잉여금	천미불	천미불
	자본조정	천미불	천미불
	기타포괄손익누계액	천미불	천미불
	이익잉여금	천미불	천미불
	합계(A)	천미불	천미불
한국투자자 지분투자 내역	한국투자자 지분율 합(B)	%	%
	지분투자(A×B)	천미불	천미불

주)

1. 현지법인의 법정상호는 영어 full-name으로 기재하고 법적명칭이 영문이 아닌 경우에도 ( ) 안에 영문명칭을 반드시 함께 표시. 중국 및 일본의 경우는 한자명칭을 〈 〉안에 함께 표시함

2. 국가명은 영문기재를 원칙. 중국은 성(省), 미국은 주(州)를 포함하여 우편물 배달이 가능토록 법정소재지를 상세히 기재. 중국의 성(省)은 국·한문 모두 기재하며 홍콩은 중국과 별도의 국가로 기재함

3. 통계청 한국표준산업분류표상 중분류코드 병기(예: 의복제조 1810), 업종이 두 가지 이상의 경우 매출액이 많은 업종순으로 모두 기재함

4. 제조업, 무역업의 경우 현지법인이 생산 또는 취급하는 주요 제품명을 기재하고 기타 업종의 경우 세부사업내용을 기재(예: 신사의류제조)하며 매출액 기준으로 품목 및 매출비중을 기재함

5. 구주 및 신주 비율의 합은 지분인수비율임

6. "공동투자"는 국내투자자와 공동으로 투자하는 경우를 말하며, "합작투자"는 비거주자와 합작으로 투자하는 경우를 말함

7. 주주현황은 지분율 합이 100이 되도록 투자자 모두를 국가별로 기록하여야 함

8. 순투자액은 투자액에서 회수액을 공제한 금액을 기록함

9. 계열여부 코드: 한국 측 최대지분투자자 또는 한국 측 최대지분투사사와 계열관계(1), 한국 측 최대지분투자자와 비계열관계(2)

3. 현지법인에 대한 한국투자자 대부투자 내역(금기말 현재)

대부투자	대여금 (단위: 천미불)		전기말	금기말
	- 지분율 10% 이상 투자자			
	- 지분율 10% 미만	주투자자 관계사[1]		
		기 타		
	계(A)			
	채권인수[2] (단위: 천미불)		전기말	금기말
	- 지분율 10% 이상 투자자			
	- 지분율 10% 미만	주투자자 관계사[1]		
		기 타		
	계(B)			
	합계(A+B)			

주)

1. 주투자자 관계사란 주투자자가 10% 이상 투자한 한국 소재 회사를 말함

2. 채권인수는 채권, 무보증회사채, 상업어음, 약속어음, 비참가적 우선주를 말함

4. 현지법인의 모기업에 대한 역투자[1] 현황

	금액(천미불)		지분율(%)		배당금 및 이자 (금기, 천미불)
	전기말	금기말	전기말	금기말	
지분투자					배당금:
대부투자 (대여금 및 채권인수)					이자:
매출채권					
합계					

주)

1. 현지법인의 모기업에 대한 의결권이 10% 미만일 경우에만 역투자에 해당됨. 10% 이상일 경우에는 역투자가 아니라 독립된 직접투자에 해당됨

5. 현지법인 경영현황

가. 현지법인의 투자자 및 근로자 앞 지급액[1]

(단위: 천미불)

배당금		한국투자자앞 대부이자지급액	한국투자자앞 로얄티 등 기타 지급액	한국인근로자앞 임금지급액
지급총액	한국투자자앞 지급액			

주)

1. 당 회계기간 중 현지법인이 실제 지급한 금액 기준

나. 현지법인의 장단기 차입금 현황(금기말 현재)

(단위: 천미불)

차입처	코드[1]	차입금액	보증자	코드[1]	차입기간		금리		용도[3]
					1년 미만	1년 이상	변동[2]	고정	

주)

1. 코드가 2개 이상일 경우 반드시 코드별로 분리 작성

　① 차입처코드: 1. 한국금융기관, 2. 한국금융기관의 해외법인, 3. 현지국금융기관, 4. 외국계금융기관, 5. 관계회사(모기업 포함), 6. 신디케이트론, 7. 회사채 등 기타

　② 보증자코드: 1. 관계회사(모기업 포함), 2. 한국금융기관, 3. 한국금융기관 해외법인, 4. 외국계 금융기관, 5. 현지법인 물적담보, 6. 현지법인 신용, 7. 합작투자자, 8. 기타(구체적 기재)

2. 기준금리 + spread 형태로 기록할 것

3. 용도코드: 1. 시설자금, 2. 운전자금, 3. 채무상환, 4. 기타(구체적 기재)

다. 현지법인의 판매처별 매출금액 및 비중(당 회계기간 중)

	현지판매		대 한국 수출		제3국 수출		계
	관계회사앞	기타	한국투자자앞	기타	관계회사앞	기타	
금액							
비중							100.0%

주) 관계회사는 국내모기업 또는 현지법인과 지분관계에 있는 법인임

라. 현지법인의 매입처별 매입금액 및 비중(당 회계기간 중)

	현지판매		대 한국 수입		제3국 수입		계
	관계회사앞	기타	한국투자자앞	기타	관계회사앞	기타	
금액							
비중							100.0%

주) 관계회사는 국내모기업 또는 현지법인과 지분관계에 있는 법인임

마. 현지법인 요약대차대조표[1]

(천미불)

자산			부채와 자본		
항목	전기	금기	항목	전기	금기
1. 유동자산 　(매출채권) 　-한국투자자앞 　-한국투자자의관계사앞 　(재고자산) 　(기타유동자산) 2. 비유동자산 　(투자자산) 　-관계회사출자금 　-장기대여금 　(유형자산) 　(무형자산) 　(기타비유동자산)			1. 유동부채 　(매입채무) 　-한국투자자앞 　-한국투자자의 관계사[2]앞 　(단기차입금) 　(유동성장기부채) 　(기타유동부채) 2. 비유동부채 　(사채) 　(장기차입금) 　(장기성매입채무) 　(기타비유동부채)		
			부채총계		
			3. 자본 　((납입)자본금) 　(자본잉여금) 　(자본조정) 　(기타포괄손익누계액) 　(이익잉여금)		
			자본총계		
자산총계			부채 및 자본총계		

주)

1. 각 항목은 회계연도말 환율 적용. 현지법인의 자회사가 있는 경우 자회사를 포함한 연결대차대조표 작성

2. 한국 투자자의 관계사란 한국 투자자가 10% 이상 투자한 한국 소재 회사를 말함

바. 현지법인 손익계산서(당 회계기간 중)

(천미불)

항목	전기	금기	항목	전기	금기
1. 매출액 2. 매출원가 　(당기매입액) 3. 매출총이익 4. 판매비와 관리비 5. 영업이익 6. 영업외수익 　(이자수익) 　(외환차익) 　(외화환산이익)			7. 영업외비용 　(이자비용) 　(리스료) 　(외환차손) 　(외화환산손실) 8. 법인세비용차감전순이익 9. 법인세비용 10. 당기순이익		

주) 회계기간 중 평균환율 적용. 현지법인의 자회사가 있는 경우 자회사를 포함한 연결손익계산서 작성

사. 현지법인의 자회사 및 손자회사에 대한 투자현황

(1) 자회사

(단위: 천미불)

자회사명	소재지	업종	지분율	투자잔액		
				증권투자	대부투자	합계

주요재무지표						
자회사명	총자산	총부채	자기자본	매출액	영업이익	당기순이익

(2) 손자회사

(단위: 천미불)

손자회사명	소재지	업종	지분율	투자잔액		
				증권투자	대부투자	합계

주요재무지표						
손자회사명	총자산	총부채	자기자본	매출액	영업이익	당기순이익

(3) 증손자회사 이하

(단위: 천미불)

현지법인과의 관계	회사명	소재지	업종	지분율	투자잔액		
					증권투자	대부투자	합계

주요재무지표							
현지법인과의 관계	회사명	총자산	총부채	자기자본	매출액	영업이익	당기순이익

아. 기타사항

구분	내용				
현지법인 영업환경					

구분	매우 열악	열악	보통	양호	매우 양호
현지업체와의 경쟁관계					
향후 영업전망					

구분	내용
현지법인 운영상 애로사항	1. 현지법인 운영상 애로사항(복수선택 가능) 　□ 인사/노무관련 요인(고용/현지종업원 또는 노동조합과의 불화 등) 　□ 생산관련 요인(노동생산성/부품 · 원자재 조달) 　□ 마케팅관련 요인(홍보/판매) 　□ 재무관련 요인(현지금융 조달/과실 송금 등) 　□ 사회간접자본관련 요인(도로/항만/전력/용수 등) 　□ 현지국 정부의 간섭(과도한 준조세/현지기업과의 차별 등) 　□ 기타: 2. 개선이 필요한 투자국의 법규나 제도(복수선택 가능) 　□ 노동관련 분야: 　□ 공장부지 확보 등 토지관련 분야: 　□ 분쟁해결 절차: 　□ 세제: 　□ 금융: 　□ 회계: 　□ 기타:

구분	내용
현지법인 향후계획	1. 현지법인의 향후 계획

철수	투자축소	현상유지	투자확대

2. 현지법인 철수 및 이전 계획인 경우, 향후 투자대상 국가

국가명	

구분	내용
대 정부 건의사항	

6. 첨부서류

- 현지법인 감사보고서(결산서) 또는 세무보고서

나. 투자잔액 300만불 초과 1,000만불 이하 기업 연간사업실적보고서

동 서식은 지침서식 제9-15-1호로 다음과 같이 정해져 있다.

〈지침서식 제9-15-1호〉

투자잔액 300만불 초과 1,000만불 이하 기업
연간사업실적보고서
(결산기: 년 월 일 ~ 년 월 일)

1. 한국투자자(모기업) 개요

투자자명 담당자			계열명	
	소속부서: 직성명: 전화:			
업종(중분류)[1]		자기자본	백만원	사후관리은행
투자자 법인성격	□ 실제영업법인		□ 특수목적회사(SPC)	
외국인투자기업[2] 여부	□ 아니오	□ 예 - 최대주주명:　　　　　(지분율:　%)[3] - 최대주주 소속 국가:		

주)
1. 통계청 한국표준산업분류표상 중분류코드 병기(예: 의복제조 1810), 업종이 두 가지 이상의 경우 매출액이 많은 업종순으로 모두 기재
2. 외국인투자기업은 외국투자자가 외국인투자촉진법에 의해 출자한 기업을 말함
3. 지분율이 50%를 초과할 경우 최대주주의 최대주주 소속국가: ＿＿＿＿＿＿＿
   및 최대주주명: ＿＿＿＿＿＿＿＿　(지분율: ＿＿＿＿＿%)

2. 현지법인 개요

<table>
<tr><td rowspan="8">현
지
법
인
개
요</td><td>법인명[1]</td><td colspan="2"></td><td>대표자</td><td colspan="2"></td></tr>
<tr><td>소재지
(국가, 주, 성)[2]</td><td colspan="5"></td></tr>
<tr><td>투자업종[3]</td><td colspan="2"></td><td colspan="2">주요취급품목[4]</td><td></td></tr>
<tr><td>인원현황</td><td colspan="5">임원: ( ) 관리직: ( ) 생산직: ( ) 영업직: ( )
* ( )는 한국인</td></tr>
<tr><td>설립등기일</td><td colspan="2"></td><td colspan="2">영업개시일</td><td></td></tr>
<tr><td rowspan="5">주주구성</td><td colspan="2" rowspan="1">상호 또는 성명</td><td>국가</td><td>지분율
(%)</td><td>순투자액(천미불)[5]</td></tr>
</table>

<table>
<tr><th colspan="2">상호 또는 성명</th><th>국가</th><th>지분율
(%)</th><th>순투자액(천미불)[5]</th></tr>
<tr><td colspan="2"></td><td></td><td></td><td></td></tr>
<tr><td colspan="2"></td><td></td><td></td><td></td></tr>
<tr><td colspan="2"></td><td></td><td></td><td></td></tr>
<tr><td colspan="2">합계</td><td></td><td>100.0</td><td></td></tr>
</table>

<table>
<tr><td>법인성격</td><td>□ 실제영업법인
□ 특수목적회사(SPC)
　- 최종 투자목적국:
　- 최종 투자업종:</td><td>설립
형태</td><td>□ 신설법인 설립
□ 기존법인 지분인수
　- 지분인수비율:　 %
　(구주:　 %, 신주:　 %)[6]</td></tr>
<tr><td>투자형태[7]</td><td colspan="3">□ 단독투자 □ 공동투자 □ 합작투자(한국 측 투자비율:　 %)</td></tr>
<tr><td>지배구조</td><td colspan="3">□ 비지주회사
□ 지주회사(자회사수:　 개, 주된 매출 자회사 업종:　)</td></tr>
</table>

주)

1. 현지법인의 법정상호는 영어 full-name으로 기재하고 법적명칭이 영문이 아닌 경우에도 ( ) 안에 영문명칭을 반드시 함께 표시. 중국 및 일본의 경우는 한자명칭을 〈 〉 안에 함께 표시함

2. 국가명은 영문기재를 원칙. 중국은 성(省), 미국은 주(州)를 포함하여 우편물 배달이 가능토록 법정소재지를 상세히 기재. 중국의 성(省)은 국ㆍ한문 모두 기재하며 홍콩은 중국과 별도의 국가로 기재함

3. 통계청 한국표준산업분류표상 중분류코드 병기(예: 의복제조 1810), 업종이 두 가지 이상의 경우 매출액이 많은 업종순으로 모두 기재함

4. 제조업, 무역업의 경우 현지법인이 생산 또는 취급하는 주요 제품명을 기재하고 기타 업종의 경우 세부사업내용을 기재(예: 신사의류제조)하며 매출액 기준으로 품목 및 매출비중을 기재함

5. 순투자액은 투자액에서 회수액을 공제한 금액을 기록함

6. 구주 및 신주 비율의 합은 지분인수비율임

7. "공동투자"는 국내투자자와 공동으로 투자하는 경우를 말하며, "합작투자"는 비거주자와 합작으로 투자하는 경우를 말함

3. 현지법인 자본현황 및 한국투자자 투자내역

현지 법인 자본 현황	자본금	천미불	한국투자자 지분율 합(B):
	자본잉여금	천미불	
	자본조정	천미불	
	기타포괄손익누계액	천미불	
	이익잉여금	천미불	
	합계(A)	천미불	
한국 투자자 투자 내역	지분투자(C)	천미불(A×B)	
	대부투자[1]잔액(D)	천미불 (전기말: 천미불)	
	합계(C+D)	천미불	

주)

1. 대부투자는 대여금과 채권인수 금액을 합한 것이며, 채권인수는 채권, 무보증회사채, 상업어음, 약속어음, 비참가
적우선주를 말함

4. 현지법인의 모기업에 대한 역투자[1] 현황

	금액(천미불)		지분율(%)		배당금 및 이자 (금기, 천미불)
	전기말	금기말	전기말	금기말	
지분투자					배당금:
대부투자 (대여금 및 채권인수)					이자:
매출채권					
합계					

주)

1. 현지법인의 모기업에 대한 의결권이 10% 미만일 경우에만 역투자에 해당됨. 10% 이상일 경우에는 역투자가 아니
라 독립된 직접투자에 해당됨

5. 현지법인 경영현황

가. 현지법인의 투자자 및 근로자 앞 지급액[1]

(단위: 천미불)

배당금		한국투자자앞 대부이자지급액	한국투자자앞 로얄티 등 기타 지급액	한국인근로자앞 임금지급액
지급총액	한국투자자앞 지급액			

주)

1. 당 회계기간 중 현지법인이 실제 지급한 금액 기준

나. 현지법인의 장단기 차입금 현황(금기말 현재)

(단위: 천미불)

차입처	코드[1]	차입금액	보증자	코드[1]	차입기간		금리		용도[3]
					1년 미만	1년 이상	변동[2]	고정	

주)

1. 코드가 2개 이상일 경우 반드시 코드별로 분리 작성

　① 차입처코드: 1. 한국금융기관, 2. 한국금융기관의 해외법인, 3. 현지국금융기관, 4. 외국계금융기관, 5. 관계회사(모기업 포함), 6. 신디케이트론, 7. 회사채 등 기타

　② 보증자코드: 1. 관계회사(모기업 포함), 2. 한국금융기관, 3. 한국금융기관 해외법인, 4. 외국계 금융기관, 5. 현지법인 물적담보, 6. 현지법인 신용, 7. 합작투자자, 8. 기타(구체적 기재)

2. 기준금리 + spread 형태로 기록할 것

3. 용도코드: 1. 시설자금, 2. 운전자금, 3. 채무상환, 4. 기타(구체적 기재)

다. 현지법인의 판매처별 매출금액 및 비중(당 회계기간 중)

	현지판매		대 한국 수출		제3국 수출		계
	관계회사앞	기타	한국투자자앞	기타	관계회사앞	기타	
금액							
비중							100.0%

주) 관계회사는 국내모기업 또는 현지법인과 지분관계에 있는 법인임

라. 현지법인의 매입처별 매입금액 및 비중(당 회계기간 중)

	현지판매		대 한국 수입		제3국 수입		계
	관계회사앞	기타	한국투자자앞	기타	관계회사앞	기타	
금액							
비중							100.0%

주) 관계회사는 국내모기업 또는 현지법인과 지분관계에 있는 법인임

마. 현지법인 요약대차대조표

(천미불)

자산			부채와 자본		
항목	전기	금기	항목	전기	금기

1. 유동자산
  (매출채권)
  (재고자산)
  (기타유동자산)
2. 비유동자산
  (투자자산)
  -관계회사출자금
  -장기대여금
  (유형자산)
  (무형자산)
  (기타비유동자산)
			1. 유동부채
			  (매입채무)
			  (단기차입금)
			  (유동성장기부채)
			  (기타유동부채)
			2. 비유동부채
			  (사채)
			  (장기차입금)
			  (장기성매입채무)
			  (기타비유동부채)		

			부채총계		

			3. 자본
			  ((납입)자본금)
			  (자본잉여금)
			  (자본조정)
			  (기타포괄손익누계액)
			  (이익잉여금)		

			자본총계		
자산총계			부채 및 자본총계		

주) 회계연도말 환율 적용. 현지법인의 자회사가 있는 경우 자회사를 포함한 연결대차대조표 작성

바. 현지법인 손익계산서(당 회계기간 중)

(천미불)

항목	전기	금기	항목	전기	금기

1. 매출액
2. 매출원가
  (당기매입액)
3. 매출총이익
4. 판매비와 관리비
5. 영업이익
6. 영업외수익
  (이자수익)
  (외환차익)
  (외화환산이익)
			7. 영업외비용
			  (이자비용)
			  (리스료)
			  (외환차손)
			  (외화환산손실)
			8. 법인세비용차감전순이익
			9. 법인세비용
			10. 당기순이익		

주) 회계기간 중 평균환율 적용. 현지법인의 자회사가 있는 경우 자회사를 포함한 연결손익계산서 작성

사. 현지법인의 자회사 및 손자회사에 대한 투자현황

(1) 자회사

(단위: 천미불)

자회사명	소재지	업종	지분율	투자잔액		
				증권투자	대부투자	합계
주요재무지표						
자회사명	총자산	총부채	자기자본	매출액	영업이익	당기순이익

(2) 손자회사

(단위: 천미불)

손자회사명	소재지	업종	지분율	투자잔액		
				증권투자	대부투자	합계
주요재무지표						
손자회사명	총자산	총부채	자기자본	매출액	영업이익	당기순이익

(3) 증손자회사 이하

(단위: 천미불)

현지법인과의 관계	회사명	소재지	업종	지분율	투자잔액		
					증권투자	대부투자	합계
주요재무지표							
현지법인과의 관계	회사명	총자산	총부채	자기자본	매출액	영업이익	당기순이익

아. 기타사항

구분	내용

현지법인 영업환경	

구분	매우 열악	열악	보통	양호	매우 양호
현지업체와의 경쟁관계					
향후 영업전망					

현지법인 운영상 애로사항	1. 현지법인 운영상 애로사항(복수선택 가능) 　□ 인사/노무관련 요인(고용/현지종업원 또는 노동조합과의 불화 등) 　□ 생산관련 요인(노동생산성/부품ㆍ원자재 조달) 　□ 마케팅관련 요인(홍보/판매) 　□ 재무관련 요인(현지금융 조달/과실 송금 등) 　□ 사회간접자본관련 요인(도로/항만/전력/용수 등) 　□ 현지국 정부의 간섭(과도한 준조세/현지기업과의 차별 등) 　□ 기타: 2. 개선이 필요한 투자국의 법규나 제도(복수선택 가능) 　□ 노동관련 분야: 　□ 공장부지 확보 등 토지관련 분야: 　□ 분쟁해결 절차: 　□ 세제: 　□ 금융: 　□ 회계: 　□ 기타:

현지법인 향후계획	1. 현지법인의 향후 계획

철수	투자축소	현상유지	투자확대

2. 현지법인 철수 및 이전 계획인 경우, 향후 투자대상 국가

국가명	

대 정부 건의사항	

6. 첨부서류

- 현지법인 감사보고서(결산서) 또는 세무보고서

다. 투자잔액 200만불 초과 300만불 이하 기업 현지법인 투자현황표

본 서식은 지침서식 제9-16호로 다음과 같이 정하여져 있다. 투자잔액이 비교적 소액이므로 연간사업실적보고서보다 간략한 형식으로 만든 것이다.

〈지침서식 제9-16호〉

투자잔액 200만불 초과 300만불 이하 기업

현지법인 투자현황표

(결산기: 년 월 일 ~ 년 월 일)

1. 한국투자자(모기업) 개요

투자자명 담당자			계열명	
	소속부서:	직성명:	전화:	
업종(중분류)[1]		자기자본	백만원	사후관리은행	
투자자 법인성격	□ 실제영업법인　　□ 특수목적회사(SPC)			
외국인투자기업[2] 여부	□ 아니오	□ 예 - 최대주주명:　　　(지분율:　%)[3] - 최대주주 소속 국가:		

주)
1. 통계청 한국표준산업분류표상 중분류코드 병기(예: 의복제조 1810), 업종이 두 가지 이상의 경우 매출액이 많은 업종순으로 모두 기재
2. 외국인투자기업은 외국투자자가 외국인투자촉진법에 의해 출자한 기업을 말함
3. 지분율이 50%를 초과할 경우 최대주주의 최대주주 소속국가: _____
   및 최대주주명: _____ (지분율: ____%)

2. 현지법인 개요

<table>
<tr><td rowspan="17">현
지
법
인
개
요</td><td>법인명[1]</td><td colspan="2"></td><td>대표자</td><td colspan="2"></td></tr>
<tr><td>소재지
(국가, 주, 성)[2]</td><td colspan="5"></td></tr>
<tr><td>투자업종[3]</td><td colspan="2"></td><td>주요취급품목[4]</td><td colspan="2"></td></tr>
<tr><td>인원현황</td><td colspan="5">임원: ( ) 관리직: ( ) 생산직: ( ) 영업직: ( )

* ( )는 한국인</td></tr>
<tr><td>설립등기일</td><td colspan="2"></td><td>영업개시일</td><td colspan="2"></td></tr>
<tr><td rowspan="6">주주구성</td><td colspan="2">상호 또는 성명</td><td>국가</td><td>지분율
(%)</td><td>순투자액(천미불)[5]</td></tr>
<tr><td colspan="2"></td><td></td><td></td><td></td></tr>
<tr><td colspan="2"></td><td></td><td></td><td></td></tr>
<tr><td colspan="2"></td><td></td><td></td><td></td></tr>
<tr><td colspan="2"></td><td></td><td></td><td></td></tr>
<tr><td colspan="2">합계</td><td></td><td>100.0</td><td></td></tr>
<tr><td>법인성격</td><td colspan="2">☐ 실제영업법인
☐ 특수목적회사(SPC)
 - 최종 투자목적국:
 - 최종 투자업종:</td><td>설립
형태</td><td colspan="2">☐ 신설법인 설립
☐ 기존법인 지분인수
 - 지분인수비율: %
(구주: %, 신주: %)[6]</td></tr>
<tr><td>투자형태[7]</td><td colspan="5">☐ 단독투자 ☐ 공동투자 ☐ 합작투자(한국 측 투자비율: %)</td></tr>
<tr><td>지배구조</td><td colspan="5">☐ 비지주회사
☐ 지주회사(자회사수: 개, 주된 매출 자회사 업종:)</td></tr>
</table>

주)

1. 현지법인의 법정상호는 영어 full-name으로 기재하고 법적명칭이 영문이 아닌 경우에도 ( ) 안에 영문명칭을 반드시 함께 표시. 중국 및 일본의 경우는 한자명칭을 〈 〉안에 함께 표시함
2. 국가명은 영문기재를 원칙. 중국은 성(省), 미국은 주(州)를 포함하여 우편물 배달이 가능토록 법정소재지를 상세히 기재. 중국의 성(省)은 국·한문 모두 기재하며 홍콩은 중국과 별도의 국가로 기재함
3. 통계청 한국표준산업분류표상 중분류코드 병기(예: 의복제조 1810), 업종이 두 가지 이상의 경우 매출액이 많은 업종순으로 모두 기재함
4. 제조업, 무역업의 경우 현지법인이 생산 또는 취급하는 주요 제품명을 기재하고 기타 업종의 경우 세부사업내용을 기재(예: 신사의류제조)하며 매출액 기준으로 품목 및 매출비중을 기재함
5. 순투자액은 투자액에서 회수액을 공제한 금액을 기록함
6. 구주 및 신주 비율의 합은 지분인수비율임
7. "공동투자"는 국내투자자와 공동으로 투자하는 경우를 말하며, "합작투자"는 비거주자와 합작으로 투자하는 경우를 말함

3. 현지법인 자본현황 및 한국투자자 투자내역

현지법인 자본현황	자본금	천미불	한국투자자 지분율 합(B):
	자본잉여금	천미불	
	자본조정	천미불	
	기타포괄손익누계액	천미불	
	이익잉여금	천미불	
	합계(A)	천미불	
한국투자자 투자내역	지분투자(C)	천미불(A×B)	
	대부투자잔액(D)	천미불 (전기말: 천미불)	
	합계(C+D)	천미불	

4. 현지법인 요약 재무정보

(단위: 천미불)

총자산	매출액	영업이익	당기순이익

5. 현지법인의 모기업에 대한 역투자[1] 현황

	금액(천미불)		지분율(%)		배당금 및 이자 (금기, 천미불)
	전기말	금기말	전기말	금기말	
지분투자					배당금:
대부투자 (대여금 및 채권인수)					이자:
합계					

주)

1. 현지법인의 모기업에 대한 의결권이 10% 미만일 경우에만 역투자에 해당됨. 10% 이상일 경우에는 역투자가 아니라 독립된 직접투자에 해당됨

6. 현지법인의 자회사 및 손자회사에 대한 투자현황

(1) 자회사

(단위: 천미불)

자회사명	소재지	업종	지분율	투자잔액		
				증권투자	대부투자	합계
주요재무지표						
자회사명	총자산	총부채	자기자본	매출액	영업이익	당기순이익

(2) 손자회사

(단위: 천미불)

손자회사명	소재지	업종	지분율	투자잔액		
				증권투자	대부투자	합계
주요재무지표						
손자회사명	총자산	총부채	자기자본	매출액	영업이익	당기순이익

(3) 증손자회사 이하

(단위: 천미불)

현지법인과의 관계	회사명	소재지	업종	지분율	투자잔액		
					증권투자	대부투자	합계
주요재무지표							
현지법인과의 관계	회사명	총자산	총부채	자기자본	매출액	영업이익	당기순이익

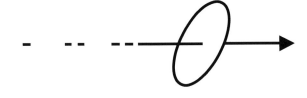

VI
해외직접투자사업의
청산

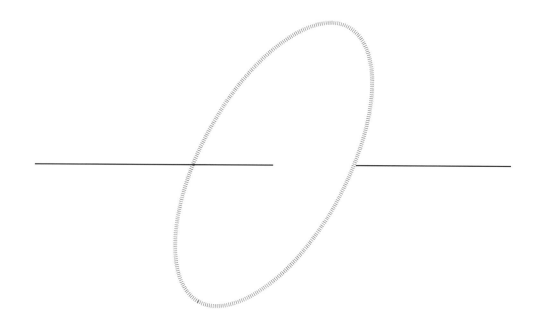

1. 청산 절차 및 과정

외국환거래법은 외국환의 반출, 반입을 관리하는 데 목적이 있다. 따라서 해외직접투자자는 투자원금과 과실을 국내에 회수하여야 한다(외국환거래규정 제9-4조 제1항). 다만 외국환거래규정에 의하여 인정된 자본거래를 하는 경우에는 예외이다(외국환거래규정 제9-4조 제2항). 이러한 차원에서 해외직접투자자가 투자사업을 청산하는 때에는 분배잔여재산을 즉시 국내로 회수하고 청산관련 서류를 신고기관에 보고하여야 한다(외국환거래규정 제9-6조 제1항).

해외직접투자의 청산은 해외직접투자대상인 해외법인이 청산을 하고, 이에 따라 청산대금을 회수하는 형태로 이루어진다. 대부투자인 경우에는 대부투자금 전액을 회수하는 방식으로 청산한다. 그러나 이외에도 규정은 해외투자 지분이나 주식, 또는 대부금을 비거주자에게 전부 양도하는 것을 청산에 준하여 처리하고 있다. 거주자가 해외직접투자 대금을 회수하였다는 측면에서 해외법인의 청산으로 분배잔여재산을 회수한 것과 유사하기 때문이다. 해외법인 청산을 통한 분배잔여대금 회수 또는 해외투자 주식이나 지분, 대부투자금을 비거주자에게 전액 양도함으로써 대금 회수하는 경우 모두 지침서식 9-14호에 의한 해외직접투자사업 청산 및 대부채권 회수보고서를 제출한다.

다만, 앞서 살펴본 바와 같이 규정 제9-6조에서 말하는 해외투자사업의 청산은 해외직접투자대상인 해외 현지법인의 청산을 말하고, 영 제8조 제1항에 요건에 해당하는 해외 현지법인의 자회사 또는 손자회사의 청산은 규정 제9-5조 제3항에 의한 해외직접투자사업의 변경에 해당한다(이와 관련하여서는 「IV-2-가. 해외직접투자 내용변경」 부분 참고).

가. 해외직접투자대상 해외 현지법인의 청산

해외직접투자대상인 해외 현지법인이 청산하고, 해외직접투자자인 거주자는 청산관련 법률에 따라 잔여재산을 분배받는 경우이다. 이때에는 청산 즉시 잔여재산을 반드시 지정거래외국환은행을 통해 회수하고, 회수 즉시 신고기관의 장에게 청산보고를 한다. 청산보고서를 제출할 경우에는 현지 공인회계사의 감사를 받은 감사보고서(현지공인회계사가 확인한 결산서 또는 세무 보고서로 갈음 가능)를 같이 제출해야 한다. 다만, 청산 후 분배잔여재산을 외국에서 외국환거래규정에 의해 인정된 자본거래를 하고자 하는 경우에는 청산자금을 국내로 회수하지 않고 청산 보고를 한 후 해외에서 운용 가능하다. 또한 다음과 같이 청산을 증명하는 서류를 제출한다. 당연히 청산보고서 내용과 첨부서류 내용이 일치해야 한다.

- 등기부등본 등 청산종료를 입증할 수 있는 서류
- 청산손익계산서 및 잔여재산 분배전의 대차대조표
- 잔여재산(증권의 전부 양도인 경우에는 양도대금) 회수에 대한 외국환은행의 외화매입 증명서 (송금처 명기), 또는 현물회수의 경우 세관의 수입신고필증

나. 대부투자금 전액 회수

대부투자금 전액을 회수받는 경우이다. 이때에는 대부채권 회수보고와 함께 외환매입 또는 예치증명서(송금처 명기)를 추가로 제출한다.

다. 비거주자 앞 지분이나 주식·대부투자금의 전부 양도

해외직접투자의 지분이나 주식, 대부투자금을 비거주자 앞 전액 양도하는 경우에도 청산에 준하여 처리한다. 이 경우 지침서식 9-14에 의한 해외직접투자 청산 및 대부채권 회수보고서상 비거주자에게 지분 매각에 관한 내용을 적는 칸이 없으므로 끝부분에 매각 정보를 요약하여 부기한다. 이외에도 주식 양수도계약서 사본(또는 관련 증빙)을 제출한다.

2. 해외직접투자사업 청산 및 대부채권 회수보고

앞서 살펴본 해외직접투자대상 해외 현지법인의 청산, 대부투자금 전액 회수, 비거주자 앞 지분이나 주식·대부투자금의 전부 양도의 경우 모두 다음과 같이 지침서식 9-14호로 정해진 해외직접투자사업 청산 및 대부채권 회수보고서를 제출한다.

해외직접투자사업 청산 및 대부채권 회수보고서

□ 청산   □ 대부채권 회수

1. 투자자 현황

(담당자명: 전화번호:)

상호 또는 성명		사업자(주민)등록번호	
소재지(주소)			

2. 현지법인에 관한 사항

현지법인명			
소재지(주소)			
법인형태	□ 법인 □ 개인기업 □ 기타 □ 해외자원개발사업	납입자본금	
투자형태[1]	□ 단독투자 □ 공동투자 □ 합작투자(한국 측 투자비율: %)		

주)

1. "공동투자"라 함은 국내투자자와 공동으로 투자하는 경우를 의미하며 "합작투자"라 함은 비거주자와 합작으로 투자하는 경우를 의미함.

3. 대부금 회수 내역

		일자	원금
	대부금액		
회수 금액	기 회수금액		
	금회 회수금액		
	잔액		

4. 잔여자산 회수 내역

가. 해산개시일(해산등기일):   청산종료일:

나. 청산등기일 현재의 재산상황

자산	금액	부채 및 자본	금액
유동자산 투자및기타자산 고정자산 이연자산		유동부채 고정부채 이연부채 자본금 잉여금	
계	(US$)	계	(US$)

* 환산율: US$ 1=

　다. 청산손익(해산일로부터 청산종료일까지의 손익):

　라. 회수되어야 할 재산["나"의 순재산액±"다")×한국측 투자비율]:

　마. 회수재산 내역

회수일자　　구 분	회수재산의 종류	금액	비고
계			

주) 금액단위가 US$ 이외인 경우는 US$에 의한 환산액을 비고란에 기입할 것

　바. 회수가 불가능한 재산이 있을 경우 그 내역 및 사유:

5. 첨부서류

　가. 청산인 경우

　　- 등기부등본 등 청산종료를 입증할 수 있는 서류

　　- 청산손익계산서 및 잔여재산 분배전의 대차대조표

　　- 잔여재산(증권의 전부 양도인 경우에는 양도대금) 회수에 대한 외국환은행의 외화매입 증명서(송금처 명기), 또는 현물회수의 경우 세관의 수입신고필증

　나. 대부채권 회수인 경우

　　- 외환매입 또는 예치증명서(송금처 명기)

※ 본 보고서는 국내회수 후 즉시 보고하여야 함. 다만, 해외에서 인정된 자본거래로 전환하는 경우에는 전환 전에 보고할 것

해외직접투자사업 청산 및 대부채권 회수보고 관련 유의사항

1. 청산 즉시 잔여재산 또는 원리금을 반드시 지정거래외국환은행을 통해 회수하고, 회수 즉시 신고기관의 장에게 청산보고를 해야 함

2. 비거주자에게 지분 전액 매각은 청산절차에 준하여 보고해야 함

3. 청산보고서 내용과 첨부서류 내용이 일치해야 함

4. 청산보고서를 제출할 경우에는 청산 시 회수자금을 증빙할 수 있는 서류를 함께 제출해야 함

5. 청산 후 분배잔여재산을 외국에서 외국환거래규정에 의해 인정된 자본거래를 하고자 하는 경우에는 청산자금을 국내로 회수하지 않고 청산 보고를 한 후 해외에서 운용 가능함

6. 잔여재산을 회수하지 않거나 청산보고를 하지 않은 경우 형사벌칙 또는 과태료 등 행정처분을 받을 수 있음

※ 주요항목 기재 요령
   - 해산개시일: 현지법인 해산을 의결하고 현지국의 법원에 해산등기를 한 날
   - 청산종료일: 해산등기 후 잔여재산을 현금화하여 투자 지분율에 따라 현금 수취를 종료한 날
   - 청산등기일 현재의 재산상황: 해산등기일 현재의 요약대차대조표를 기준으로 작성
   - 청산손익: 해산개시일로부터 청산종료일까지의 손익
   - 회수되어야 할 재산: 요약대차대조표상의 순재산액(자산총액-부채총액)±청산손익)×한국 측 투자비율
   - 회수재산내역: 회수일자별 회수재산의 종류 및 금액

가. 해외직접두자사업 청산 및 대부채권 회수보고서 작성례

아래는 비거주자 앞 지분을 전액 양도하는 경우 해외직접투자사업 청산 및 대부채권 회수보고서 작성례이다.

CASE 6-②: 비거주자에게 지분 전액 양도 → 해외직접투자 청산보고

양도인: ㈜리오

양수인: ABC COMPANY(비거주자, 외국법인)

양도대상 현지법인: LIOH AMERICA CO.

양도 지분율: 85.7%

양도 투자금액(양도주식 액면가액): USD 3,000,000

양수도가액(주식 양도가액): USD 3,700,000

양수도가액 지급일(한국 입금일): 2018-12-30

해외직접투자사업 청산 및 대부채권 회수보고서

☐ 청산   ☐ 대부채권 회수

1. 투자자 현황

(담당자명: 전화번호:)

상호 또는 성명	(주)리오	사업자(주민)등록번호	123-45-67890
소재지(주소)	서울시 강남구 영동대로 517		

2. 현지법인에 관한 사항

현지법인명	LIOH AMERICA CO.		
소재지(주소)	3655 N 1t st, San Jose CA 95135, U.S.A.		
법인형태	☑ 법인 ☐ 개인기업 ☐ 기타 ☐ 해외자원개발사업	납입자본금	USD 3,500,000
투자형태[1]	☐ 단독투자 ☑ 공동투자 ☑ 합작투자(한국 측 투자비율: 85.7%)		

주)

1. "공동투자"라 함은 국내투자자와 공동으로 투자하는 경우를 의미하며 "합작투자"라 함은 비거주자와 합작으로 투자하는 경우를 의미함.

3. 대부금 회수 내역

		일자	원금
	대부금액		
회수 금액	기 회수금액		
	금회 회수금액		
	잔액		

4. 잔여자산 회수 내역

　　가. 해산개시일(해산등기일):　　　　청산종료일:

　　나. 청산등기일 현재의 재산상황

자산	금액	부채 및 자본	금액
유동자산 투자및기타자산 고정자산 이연자산		유동부채 고정부채 이연부채 자본금 잉여금	
계	(US$)	계	(US$)

* 환산율: US$ 1=

　다. 청산손익(해산일로부터 청산종료일까지의 손익):

　라. 회수되어야 할 재산[("나"의 순재산액±"다")×한국측 투자비율]:

　마. 회수재산 내역

구 분 회수일자	회수재산의 종류	금액	비고
2018-12-30		USD 3,700,000	지분 매각 대금
계			

주) 금액단위가 US$ 이외인 경우는 US$에 의한 환산액을 비고란에 기입할 것

　바. 회수가 불가능한 재산이 있을 경우 그 내역 및 사유:

　　※ 비거주자에게 지분 전액 매각

　　○ 양도인: (주)리오

　　○ 양수인: ABC COMPANY(비거주자, 외국법인)

　　○ 양도 지분율: 85.7%

　　○ 양도주식 액면가액: USD 3,000,000

　　○ 양수도가액(주식 양도가액): USD 3,700,000

5. 첨부서류

　가. 청산인 경우

　　- 등기부등본 등 청산종료를 입증할 수 있는 서류

　　- 청산손익계산서 및 잔여재산 분배전의 대차대조표

　　- 잔여재산(증권의 전부 양도인 경우에는 양도대금) 회수에 대한 외국환은행의 외화매입 증명서(송금처 명기), 또는 현물회수의 경우 세관의 수입신고필증

　나. 대부채권 회수인 경우

　　- 외환매입 또는 예치증명서(송금처 명기)

　　※ 본 보고서는 국내회수 후 즉시 보고하여야 함. 다만, 해외에서 인정된 자본거래로 전환하는 경우에는 전환 전에 보고할 것

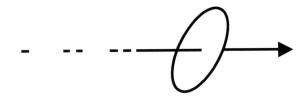

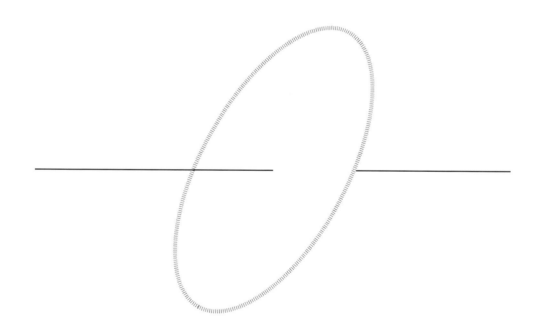

VII

해외직접투자
위반행위에 대한 처벌

1. 관련 규정

이 책에서 다룬 지분투자 또는 대부투자를 통한 해외직접투자와 관련한 신고 및 보고 의무는 위반 시 외국환거래법에 따라 각종 처벌의 대상이 된다. 이러한 처벌은 지속적으로 처벌 강도가 강화되어 왔다. 예를 들면 외국환거래법 시행령을 2016. 3. 22. 대통령령 제27038호로 개정하면서 자본거래 신고 의무 위반 시 벌칙부과 기준을 위반금액 50억원에서 10억원으로 조정하고, 외국환거래법을 2017. 1. 17. 법률 제14525호로 개정하면서 기존 형벌부과 기준을 3년 이하 징역 또는 3억원 이하 벌금에서 5년 이하의 징역 또는 5억원 이하의 벌금 등으로 처벌을 강화한 것이 그것이다. 그러나 이러한 제재가 과도하다는 인식하에 금번 2023. 7. 4. 자로 과태료 기준을 일부 완화하였다.

【법】

제29조(벌칙)

① 다음 각호의 어느 하나에 해당하는 자는 1년 이하의 징역 또는 1억원 이하의 벌금에 처한다. 다만, 위반행위의 목적물 가액의 3배가 1억원을 초과하는 경우에는 그 벌금을 목적물 가액의 3배 이하로 한다.

  :

  3. 제16조 또는 제18조에 따른 신고 의무를 위반한 금액이 5억원 이상의 범위에서 대통령령으로 정하는 금액을 초과하는 자

제30조(몰수·추징)

··· 제29조 제1항 각호의 어느 하나에 해당하는 자가 해당 행위를 하여 취득한 외국환이나 그 밖에 증권, 귀금속, 부동산 및 내국지급수단은 몰수하며, 몰수할 수 없는 경우에는 그 가액을 추징한다.

제31조(양벌규정)

법인의 대표자나 법인 또는 개인의 대리인, 사용인, 그 밖의 종업원이 그 법인 또는 개인의 재산 또는 업무에 관하여 ··· 제29조의 어느 하나에 해당하는 위반행위를 하면 그 행위자를 벌하는 외에 그 법인 또는 개인에게도 해당 조문의 벌금형을 과한다.

제32조(과태료)

① 다음 각호의 어느 하나에 해당하는 자에게는 1억원 이하의 과태료를 부과한다. 다만, 제29조에 해당하는 경우는 제외한다.

  :

  4. 제18조 제1항에 따른 신고를 하지 아니하거나 거짓으로 신고를 하고 자본거래를 한 자

  5. 제18조 제5항을 위반하여 신고수리가 거부되었음에도 그 신고에 해당하는 자본거래를 한 자

  :

③ 다음 각호의 어느 하나에 해당하는 자에게는 3천만원 이하의 과태료를 부과한다.

  1. 제16조 또는 제18조를 위반하여 신고를 갈음하는 사후보고를 하지 아니하거나 거짓으로 사후보고를 한 자

  :

④ 다음 각호의 어느 하나에 해당하는 자에게는 1천만원 이하의 과태료를 부과한다.

  :

  4. 제20조 제1항 또는 제2항에 따른 보고 또는 자료 제출을 하지 아니하거나 거짓으로 보고 또는 자료 제출을 한 자

외국환거래법은 해외직접투자와 관련한 각종 신고와 보고 의무를 부여하고 위반 시 그 경중에 따라 경고 및 거래중단조치, 과태료, 벌칙을 부과하고 있다. 외국환거래와 관련한 제재는 2023. 7. 4. 자 대통령령 제33616호로 개정·시행된 외국환거래법 시행령에 따라 소폭 완화되었다. 이와 관련하여 동 개정 시행령은 다음과 같이 개정이유를 밝히고 있다. 즉, 「외국환거래법」 제정(1999년) 이후 외환거래수요가 양적·질적으로 확대된 상황에서 원칙적 사전신고 제도 운영, 엄격한 제재규정, 복잡한 거래절차 등이 국민·기업·금융기관의 일상적 외환거래 부담 요인으로 작용하고 있어 경제성장 및 환경 변화에 맞추어 국민·기업·금융기관의 일상적 외환거래에 대한 부담을 최소화하는 데 그 취지가 있다.

2. 해외직접투자 신고 및 보고 의무 위반에 따른 처벌 내용과 시행령 개정

해외직접투자 관련 신고 의무 위반 시 외국환거래법은 위반금액 및 횟수 등을 기준으로 처벌의 정도를 달리하고 있다.

가. 경고

미화 5만불 이하의 금액에 대한 신고 의무 위반 시에는 경고의 대상이 된다(외국환거래법 제19조 제1항 제2호, 동법 시행령 제33조 제1항 제4호).[26] 다만 이 경우 1회 위반의 경우에 한정한다(외국환거래법 제19조 제1항 제2호, 동법 시행령 제33조 제2항 및 별표 3의2).

---

[26] 2023. 7. 4. 대통령령 제33616호로 개정된 외국환거래법 시행령에 따라 기존 미화 2만불에서 미화 5만불로 기준금액이 상향되었다.

나. 거래정지

외국환거래법 제18조 제1항에 따른 외국환신고를 하지 않거나 거짓으로 신고하고 거래한 경우 다음과 같이 거래정지처분을 내릴 수 있다(외국환거래법 제18조 제1항 및 제19조, 동법 시행령 제33조 제2항, 별표 3의 2). 이러한 거래정지처분은 5년 이내 2회 이상 위반 시 있게 된다(외국환거래법 제19조 제2항).

구분	금액 기준	위반횟수별 처분기준	
		2회	3회 이상
외국환업무취급기관 장에 대한 신고사항 위반	1억원 이하	1개월	3개월
	1억원 초과 3억원 이하	1개월	3개월
	3억원 초과 5억원 이하	3개월	6개월
	5억원 초과	6개월	12개월

다. 과태료

1) 해외직접투자 신고 의무 위반

또한 해외직접투자 관련 신고 의무 위반 시 과태료 부과대상이 된다(외국환거래법 제18조 제1항, 동법 제32조 제1항 제4호, 외국환거래법 시행령 제41조 및 별표 4). 과태료 금액은 100만원과 위반금액 2% 중 큰 금액이며, 위반금액을 산정하기 어려운 경우에는 과태료 금액란의 과태료 금액을 각각 200만원으로 한다(외국환거래법 시행령 제41조 및 별표 4 제2호 타목).

2) 해외직접투자 보고 의무 위반

외국환거래법 제20조에 의한 보고 및 자료 제출 의무(예를 들면 외화증권취득 보고, 연간사업실적보고, 청산보고 등과 같은 규정 제9-9조에 의한 사후관리 의무를 말한 다)를 위반한 경우에는 건당 200만원의 과태료 처분을 한다(외국환거래법 제20 조 제1항, 동법 제32조 제1항 제4호, 외국환거래법 시행령 제41조 및 별표 4 제2호 너목).[27]

3) 수개의 동일한 위반행위 일시 적발 시 처리

수개의 동일한 위반행위가 일시에 적발된 경우 아래 표에 따라 과태료 금 액을 계산한다(외국환거래법 제18조 제1항, 동법 제32조 제1항 제4호, 외국환거래법 시행 령 제41조 및 별표 4 비고 3).

1. 과태료 금액이 100만원과 위반에 따른 과태료 금액의 100분의 2 중 큰 금액에 해당하는 경우: 위반금액의 100분의 2에 해당하는 금액. 다만, 수개의 동일한 위반행위에 대한 위반 금액이 5천만원 미만인 경우에는 100만원으로 한다.

2. 과태료 금액이 200만원과 위반금액의 100분의 4 중 큰 금액에 해당하는 경우: 위반금액 의 100분의 4에 해당하는 금액. 다만, 수개의 동일한 위반행위에 대한 위반금액이 5천만 원 미만인 경우에는 200만원으로 한다.

4) 과태료의 감경

또한 자진신고 등의 감경사유에 해당하는 경우 사유별로 과태료 금액의

---

[27] 2023. 7. 4. 대통령령 제33616호로 개정된 외국환거래법 시행령에 따라 건당 기존 700만원에서 200만원으로 하향되었다.

50% 이내에서, 중복 적용되는 경우 최대 75% 이내에서 감경할 수 있다. 과태료 감경사유는 다음과 같다(외국환거래법 제18조 제1항, 동법 제32조 제1항 제4호, 외국환거래법 시행령 제41조 및 별표 4 제1호).

1. 위반행위를 사전에 자진 신고한 경우
2. 「질서위반행위규제법 시행령」 제2조의2 제1항 각호의 어느 하나에 해당하는 경우
3. 「중소기업기본법」 제2조에 따른 중소기업의 경우
4. 법에 따른 신고 또는 허가를 받을 의무가 있는 자가 과실로 잘못된 기관에 해당 절차를 이행한 경우
5. 법 제18조에 따른 자본거래 신고 의무를 위반하였으나 해당 거래에 따른 지급·수령이 이루어지지 않은 경우
6. 그 밖에 경미한 과실로 인한 위반행위로서 위반행위자의 위반정도와 경제적 사정 등에 비추어 감경이 필요하다고 인정되는 경우

과태료의 경우 상기 외국환거래법 시행령 별표 4의 감경사유 이외에도, 「외국환거래법에 따른 행정처분 및 과태료 부과징수에 관한 훈령」에 따라 의견제출 기간 내에 과태료를 자진납부하는 경우 부과될 과태료에 대해 20%의 추가 감경을 적용받을 수 있다(동 훈령 제19조 제3항).

라. 벌칙

위반금액이 20억원 이상이면 벌칙이 적용되어 1년 이하의 징역 또는 1억원 이하의 벌금이 부과된다(외국환거래법 제29조 제1항 제3호; 동법 시행령 제40조 제1항

제2호).[28] 해외직접투자 신고 등의 의무 위반에 따른 처벌은 양벌규정이 적용되므로 법인의 대표자나 법인 또는 개인의 대리인, 사용인, 그 밖의 종업원이 그 법인 또는 개인의 재산 또는 업무에 관하여 해외직접투자 신고나 의무 위반을 한 때에는 행위자 이외에 법인이나 개인에게도 벌금형이 과해진다(외국환거래법 제31조).

【해외직접투자 신고 및 보고 의무 위반 (외국환거래법 제18조 및 제20조 위반)에 대한 처분】

구분	경고 및 거래정지	과태료	벌칙
외국환거래법 제18조 위반 (해외직접투자 관련 외국환은행 미신고)	경고	100만원과 위반금액 2% 중 큰 금액	1년 이하의 징역 또는 1억원 이하의 벌금
	5년 내 2회 이상 위규 시 거래정지		

※ 제18조 위반금액 벌칙규정 적용 기준
5만불 미만 → 경고 / 초과 → 과태료
20억원 이하 → 과태료 / 초과 → 벌칙

구분	과태료
외국환거래법 제20조 위반 (보고 및 자료 제출 의무)	건당 200만원

---

28 2023. 7. 4. 대통령령 제33616호로 개정된 외국환거래법 시행령에 따라 기존 10억원에서 20억원으로 기준금액이 상향되었다.

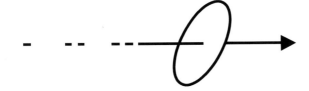

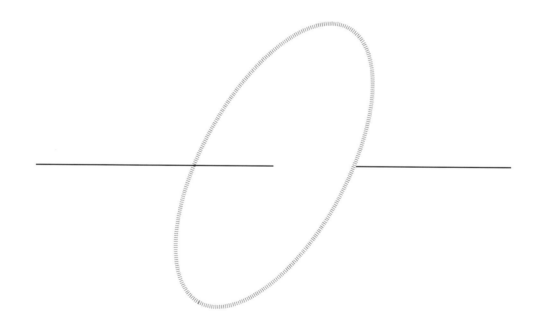

1. 해외직접투자 관련 외국환거래규정 및 개정대비표

2023. 7. 4. 자 개정·시행 외국환거래규정(해외직접투자 부분만 발췌)

외국환거래규정

[시행 2023. 7. 4.] [기획재정부고시 제2023-26호, 2023. 7. 4., 일부개정.]

기획재정부(외환제도과), 044-215-4753, 4756

제9-5조(해외직접투자의 신고 등) ① 거주자(해외이주 수속중이거나 영주권등을 취득할 목적으로 지급하고자 하는 개인 또는 개인사업자는 제외한다)가 해외직접투자(증액투자 포함)를 하고자 하는 경우 다음 각호의 1에서 정하는 외국환은행의 장에게 신고하여야 한다. 〈기획재정부고시 제2020-21호, 2020. 8. 4. 개정〉〈기획재정부고시 제2023-26호, 2023. 7. 4. 개정〉

　　1. 주채무계열 소속기업체인 경우에는 당해 기업의 주채권은행

　　2. 거주자가 주채무계열 소속기업체가 아닌 경우에는 여신최다은행

　　3. 제1호 내지 제2호에 해당하지 않는 거주자의 경우 거주자가 지정하는 은행

② 제1항의 규정에도 불구하고, 거주자가 다음 각호의 1에 해당하는 해외직접투자를 하고자 하는 경우에는 거래가 있은 날로부터 3개월 이내에 사후보고를 할 수 있다. 〈기획재정부고시 제2020-21호, 2020. 8. 4. 개정〉〈기획재정부고시 제2021-11호,

2021. 6. 18. 개정〉〈기획재정부고시 제2021-37호, 2021. 12. 29. 개정〉〈기획재정부고시 제2023-26호, 2023. 7. 4. 개정〉

1. 거주자가 해외직접투자를 한 거주자로부터 당해 주식 또는 지분을 양수받아 해외직접투자를 하고자하는 경우

2. 이미 투자한 외국법인이 자체이익 유보금 또는 자본잉여금으로 증액투자하는 경우

3. 누적 투자금액이 미화 50만불 이내에서의 투자

③ 해외직접투자를 하고자 하는 자는 별지 제9-1호 서식의 해외직접투자 신고서(보고서)에 다음 각호의 서류를 첨부하여 당해 또는 보고기관에 제출하여야 한다. 제2항에 따른 사후보고의 경우에도 같다. 다만, 제4항에 따라 이미 제출한 서류는 제출하지 아니할 수 있다. 〈기획재정부고시 2008-11호, 2008. 7. 25. 개정〉〈기획재정부고시 제2023-26호, 2023. 7. 4. 개정〉

1. 사업계획서(자금조달 및 운용계획 포함)〈재정경제부고시 제2007-13호, 2007. 2. 26. 단서삭제〉

2. 〈삭 제〉

3. 〈삭 제〉

4. 해외직접투자를 하고자 하는 자가 「신용정보의이용및보호에관한법률」에 의한 금융거래 등 상거래에 있어서 약정한 기일 내에 채무를 변제하지 아니한 자로서 종합신용정보 집중기관에 등록되어 있지 않음을 입증하는 서류. 다만, 「회사정리법」 또는 「화의법」에 의하여 정리절차가 진행되고 있는 기업체가 기존의 유휴설비나 보유기술을 투자하거나 관련 법령이 정한 법원 또는 채권관리단의 결정에 의한 경우에는 그러하지 아니하다. 〈기획재정부고시 제2009-18호 2009. 9. 30. 개정〉

5. 조세체납이 없음을 입증하는 서류 〈기획재정부고시 제2009-18호 2009. 9. 30. 신설〉

6. 기타 신고기관의 장이 필요하다고 인정하는 서류 〈기획재정부고시 제2009-18호 2009. 9. 30. 개정〉

④ 제1항 단서에 따른 누적 투자금액이 미화 50만불 이내에서의 투자의 경우에는 제4-2조 및 제4-3조에도 불구하고 제3항 제4호 및 제5호의 서류를 제출하여 투자자금을 사전에 송금할 수 있다. 〈기획재정부고시 제2018-28호, 2018. 12. 24. 개정〉

⑤ 거주자가 신고를 하지 아니하거나 신고된 내용과 다르게 해외직접투자를 한 경우에는 당해 위반사실을 제재기관의 장에게 보고하고 당해 투자에 대하여 신고기관의 장에게 사후신고를 할 수 있다. 〈기획재정부고시 제2012-5호, 2012. 4. 16. 개정〉

⑥ 개인투자자가 영주권, 시민권을 취득한 경우에는 제9-4조 및 제9-6조 내지 제9-9조의 규정은 적용하지 아니한다. 다만, 영주권을 취득한 개인투자자가 이후 국내에 체재하여 거주자가 된 경우에는 그러하지 아니하다. 〈기획재정부고시 제2013-21호, 2013. 12. 19. 개정〉

제9-6조(해외직접투자사업의 청산) ① 해외직접투자자가 투자사업을 청산할 때에는 분배잔여재산을 제9-4조의 규정에 따라 즉시 국내로 회수하고 청산관련 서류를 신고기관에 보고하여야 한다.

② 제1항의 규정에 불구하고 청산 보고 후 해외에서 이 규정에 의해 인정된 자본거래를 하고자 하는 경우에는 청산자금을 국내로 회수하지 아니할 수 있다.

제9-7조(신고기관의 사후관리) 〈삭 제〉〈기획재정부고시 제2013-21호, 2013. 12. 19. 개정〉

제9-8조(현지공관장에 대한 조사의뢰 등) ① 〈삭 제〉〈기획재정부고시 제2013-21호, 2013. 12. 19. 개정〉

② 〈삭 제〉〈기획재정부고시 제2013-21호, 2013. 12. 19. 개정〉

③ 기획재정부장관은 현지공관의 장에게 투자환경의 조사를 의뢰할 수 있으며, 현지공관의 장으로 하여금 현지국 정부의 외국인투자 관련조치 및 투자환경의 변화내용을 보고하게 할 수 있다. 〈기획재정부고시 제2013-21호, 2013. 12. 19. 개정〉

제9-9조(사후관리) ① 해외직접투자자는 다음 각호의 1의 보고서 또는 서류를 다음 각호의 1에서 정한 기일 내에 당해 신고기관의 장에게 제출하여야 한다. 다만, 해외직접투자자 또는 투자한 현지법인의 휴·폐업, 현지의 재난·재해 등 불가피한 사유로 해외직접투자자가 보고서 등을 제출하는 것이 불가능하다고 신고기관의 장이 인정하는 경우에는 당해 불가피한 사유가 해소되기 전까지 다음 각호의 1의 보고서 또는 서류를 제출하지 아니할 수 있다. 〈기획재정부고시 제2013-21호, 2013. 12. 19. 개정〉〈기획재정부고시 제2021-37호, 2021. 12. 29. 개정〉

　　1. 외화증권(채권)취득보고서(법인 및 개인기업 설립보고서 포함) : 투자금액 납입 또는 대여자금 제공 후 6월 이내. 다만, 영 제8조 제2항 제3호의 규정에 의한 해외자원개발사업 및 사회간접자본개발사업으로서 법인 형태가 아닌 투자의 경우에는 외화증권(채권)취득보고서 제출을 면제한다. 〈기획재정부고시

제2009-2호, 2009. 2. 4. 개정〉

2. 〈삭 제〉〈재정경제부고시 제2007-13호, 2007. 2. 26. 개정〉

3. 〈삭 제〉〈재정경제부고시 제2007-13호, 2007. 2. 26. 개정〉

4. 송금(투자)보고서 : 송금 또는 투자 즉시(투자금액을 현지금융으로 현지에서 조달하는 경우 투자시점)

5. 연간사업실적보고서(해외자원개발사업 및 사회간접자본개발사업으로서 법인 형태가 아닌 투자의 경우는 제외한다) : 회계기간 종료 후 5월 이내. 신고기관의 장은 부동산관련업 이외의 투자사업으로서 투자금액의 합계가 미화 200만불 이하인 경우에는 연간사업실적보고서의 제출을 면제할 수 있으며, 미화 300만불 이하인 경우에는 현지법인 투자현황표로 갈음할 수 있다. 〈기획재정부고시 제2018-28호, 2018. 12. 24. 개정〉〈기획재정부고시 제2021-37호, 2021. 12. 29. 개정〉

6. 청산보고서(금전대여의 경우 원리금회수내용을 포함한다) : 청산자금 수령 또는 원리금회수 후 즉시 〈기획재정부고시 제2009-2호, 2009. 2. 4. 개정〉

7. 〈삭 제〉〈재정경제부고시 제2007-13호, 2007. 2. 26. 개정〉

8. 거주자가 동 규정 제9-5조 제1항의 규정에 의하여 신고하거나 보고한 내용을 변경하는 경우(현지법인의 영 제8조 제1항의 요건에 해당하는 자회사 또는 자회사의 영 제8조 제1항의 요건에 해당하는 손자회사의 설립·투자금액 변경·청산 및 「외국환거래법」 시행령 제8조 제1항 제4호에 따라 금전을 대여했으나 1년 이내에 회수하는 경우를 포함한다) : 변경사유가 발생한 회계기간 종료 후 5월 이내〈재정경제부고시 제2007-13호, 2007. 2. 26. 개정〉〈기획재정부고시 제2023-26호, 2023. 7. 4. 개정〉

9. 해외직접투자를 한 거주자가 다른 거주자에게 당해 주식 또는 지분을 매각하는 경우 : 변경사유가 발생한 후 3개월 이내〈기획재정부고시 제2023-26호, 2023. 7. 4. 신설〉

10. 기타 신고기관의 장이 해외직접투자의 사후관리에 필요하다고 인정하여 요구하는 서류〈기획재정부고시 제2023-26호, 2023. 7. 4. 신설〉

② 신고기관의 장은 이 절의 규정에 의하여 신고를 받은 해외직접투자사업에 대한 사후관리를 위하여 해외직접투자 관리대장을 작성하여야 하며, 다음 각호의 1에서 정한 기일내에 한국수출입은행장에게 제출하여야 한다. 다만, 제1항 단서에 따라 신고기관의 장이 해외직접투자자 및 투자한 현지법인으로부터 관련 보고서나 서류를 제출받는 것이 불가능한 것으로 인정되는 경우에는 그러하지 아니하며 이 경우 신고기관의 장은

보고서 제출 곤란 등의 사실을 한국수출입은행장에게 보고하여야 한다. 〈기획재정부고시 제2013-21호, 2013. 12. 19. 개정〉〈기획재정부고시 제2021-37호, 2021. 12. 29. 개정〉

1. 해외직접투자 신고서 사본(내용변경보고서 포함), 해외직접투자 신고 및 투자실적(월보) : 매익월 15일 이내 〈기획재정부고시 제2017-40호, 2017. 12. 28. 개정〉

2. 연간사업실적보고서(현지법인 투자현황표) : 해외직접투자자로부터 제출받은 즉시〈재정경제부고시 제2007-13호, 2007. 2. 26. 개정〉

3. 사후관리종합내역 등 기타 통계 또는 사후관리에 필요한 서류 〈재정경제부고시 제2007-13호, 2007. 2. 26. 개정〉

③ 신고기관의 장이 신고, 송금, 사후관리(회수, 지분매각, 청산 등), 사업실적 내역을 한국수출입은행 해외직접투자 통계시스템에 입력하는 경우 제2항에 의한 서류를 제출한 것으로 본다. 다만, 본문의 규정에 의한 입력기일은 제2항의 규정을 준용한다. 〈재정경제부고시 제2007-62호, 2007. 12. 17. 개정〉

④ 〈삭 제〉〈기획재정부고시 제2013-21호, 2013. 12. 19. 개정〉

⑤ 한국수출입은행장은 매년 해외직접투자기업 현황을 작성하여 기획재정부장관 및 해외공관의 장에게 송부하여야 한다. 이 경우 기획재정부장관은 사실 확인 등을 위하여 추가적인 자료의 요청 및 실태 점검 등을 실시할 수 있다.

⑥ 〈삭제〉 〈기획재정부고시 제2019-12호, 2019. 5. 3. 개정〉〈기획재정부고시 제2021-37호, 2021. 12. 29. 개정〉

⑦ 신고기관의 장은 개인, 개인사업자 또는 법인의 투자, 부동산관련업에 대한 투자 및 주식을 출자한 투자에 대하여는 다음 각호의 보고서 등을 다음 각호의 1에서 정한 기일내에 한국수출입은행을 경유하여 국세청장, 관세청장 및 금융감독원장에게 통보하여야 한다. 〈기획재정부고시 제2013-21호, 2013. 12. 19. 개정〉

1. 해외직접투자 신고내용, 송금(투자)보고 내용, 해외직접투자사업 청산 및 대부채권 회수보고 내용, 해외직접투자자 또는 투자한 현지법인의 휴·폐업, 소재불명 및 시민권의 취득 등의 사실 : 매익월 25일 이내

2. 제2항 제2호에 따른 연간사업실적보고서 : 매익년도 9월 말일 이내

⑧ 제1항에 의한 보고서 또는 서류는 전자적 방법을 통해 실명확인을 받고 제출할 수 있다. 〈기획재정부고시 제2021-11호, 2021. 6. 18. 신설〉

개정대비표

개정 전	개정 후	비고
제9-1조(신고등) ② 제1항 본문에도 불구하고, 거주자가 해외에 직접투자등을 하고자 하는 경우에는 이 장 각 절에서 정한 신고등의 절차를 이행하기 전에 미화 1만불 범위 내에서 지급할 수 있다. 이 경우 당해 거래의 계약이 성립한 날로부터 1년 이내에 이 장에 따른 신고등의 절차를 이행하여야 한다.	제9-1조(신고등) ② 제1항 본문에도 불구하고, 거주자가 해외에 직접투자등을 하고자 하는 경우에는 이 장 각 절에서 정한 신고등의 절차를 이행하기 전에 미화 5만불 범위 내에서 지급할 수 있다. 이 경우 당해 거래의 계약이 성립한 날로부터 1년 이내에 이 장에 따른 신고등의 절차를 이행하여야 한다.	○ 사전신고 이전에 先지급할 수 있는 해외송금액을 미화 1만불에서 미화 5만불로 상향하여 해외투자 편의 제고 ○ 거주자간 해외직접투자 지분 양수·양도 신고 의무면제 등 일부 유형의 거래에 대한 해외직접투자 신고 면제를 규정하기 앞서 해외직접투자 신고 총칙의 성격을 갖는 「외국환거래규정」 제9-1조 제3항에 규율 정합성을 위한 일반적 조항을 신설
③ 이 장에 의해 직접투자등 신고를 하거나 신고수리를 받은 자가 신고내용을 변경하고자 하는 경우에는 변경사항을 첨부하여 당해 신고(수리)기관에 제출하여야 한다. 다만, 기존 신고인·대리인·거래상대방에 관한 정보 변경에 대해서는 사후보고할 수 있다.	③ 이 장에 의해 직접투자등 신고를 하거나 신고수리를 받은 자가 신고내용을 변경하고자 하는 경우에는 변경사항을 첨부하여 당해 신고(수리)기관에 제출하여야 한다. 다만, 기존 신고인·대리인·거래상대방에 관한 정보 변경 및 제9-5조에 따른 해외직접투자 신고·보고 내용의 변경에 대해서는 사후보고할 수 있다.	

개정 전	개정 후	비고
제9-5조(해외직접투자의 신고 등) ① 거주자(해외이주 수속중이거나 영주권등을 취득할 목적으로 지급하고자 하는 개인 또는 개인사업자는 제외한다)가 해외직접투자(증액투자 포함)를 하고자 하는 경우 또는 거주자가 해외직접투자를 한 거주자로부터 당해 주식 또는 지분을 양수받아 해외직접투자를 하고자 하는 경우에는 다음 각호의 1에서 정하는 외국환은행의 장에게 신고하여야 한다. 다만, 이미 투자한 외국법인이 자체이익유보금 또는 자본잉여금으로 증액투자하는 경우에는 사후에 보고할 수 있으며, 누적 투자금액이 미화 50만불 이내에서의 투자의 경우에는 투자금의 지급이 있는 날로부터 1개월 이내에 사후보고할 수 있다.	제9-5조(해외직접투자의 신고 등) ① 거주자(해외이주 수속중이거나 영주권등을 취득할 목적으로 지급하고자 하는 개인 또는 개인사업자는 제외한다)가 해외직접투자(증액투자 포함)를 하고자 하는 경우 ~~또는 거주자가 해외직접투자를 한 거주자로부터 당해 주식 또는 지분을 양수받아 해외직접투자를 하고자 하는 경우~~에는 다음 각호의 1에서 정하는 외국환은행의 장에게 신고하여야 한다. ~~다만, 이미 투자한 외국법인이 자체이익유보금 또는 자본잉여금으로 증액투자하는 경우에는 사후에 보고할 수 있으며, 누적 투자금액이 미화 50만불 이내에서의 투자의 경우에는 투자금의 지급이 있는 날로부터 1개월 이내에 사후보고할 수 있다.~~	○ 국경간 자금이동 효과가 없어 모니터링 필요성이 상대적으로 적은 거주자간 해외직접투자 주식 또는 지분의 양·수도, 현지법인의 주식 취득 등에 대한 사전신고 의무를 면제하고 사후보고로 전환 ○ 규정간 정합성을 높이기 위해 누적 투자금액 미화 50만불 이내 관련 사후보고 등 「외국환거래규정」 제9-5조 제1항 단서에 규정되어 있는 사후보고 관련 조항은 동 규정 제9-5조 제2항을 신설하여 별도 규율

개정 전	개정 후	비고
② (기존 조항 삭제 후 신설) 거주자가 제1항의 규정에 의하여 신고하거나 보고한 내용을 변경하는 경우(현지법인의 영 제8조 제1항의 요건에 해당하는 자회사 또는 자회사의 영 제8조 제1항의 요건에 해당하는 손자회사의 설립·투자금액 변경·청산 및 「외국환거래법」 시행령 제8조 제1항 제4호에 따라 금전을 대여했으나 1년 이내에 회수하는 경우를 포함한다) 또는 해외직접투자를 한 거주자가 다른 거주자에게 당해 주식 또는 지분을 매각하는 경우에는 법 제20조 제1항에 따라 변경사유가 발생한 후 3개월 이내에 당해 신고기관의 장에게 보고를 하여야 한다.	② 제1항의 규정에도 불구하고, 거주자가 다음 각호의 1에 해당하는 해외직접투자를 하고자 하는 경우에는 거래가 있은 날로부터 3개월 이내에 사후보고를 할 수 있다. 1. 거주자가 해외직접투자를 한 거주자로부터 당해 주식 또는 지분을 양수받아 해외직접투자를 하고자하는 경우 2. 이미 투자한 외국법인이 자체 이익 유보금 또는 자본잉여금으로 증액투자하는 경우 3. 누적 투자금액이 미화 50만불 이내에서의 투자	○ 국경간 자금이동 효과가 없어 모니터링 필요성이 상대적으로 적은 거주자간 해외직접투자 주식 또는 지분의 양·수도, 현지법인의 주식 취득 등에 대한 사전신고 의무를 면제하고 3개월 이내 사후보고로 전환 ○ 규정간 정합성을 높이기 위해 누적 투자금액 미화 50만불 이내 관련 사후보고 등 「외국환거래규정」 제9-5조 제1항 단서에 규정되어 있는 사후보고 관련 조항도 동 규정 제9-5조 제2항 규율에 포함 ○ 변경신고·변경보고 등 수시보고 폐지의 취지를 감안하여, 기존 제9-5조 제2항의 내용은 모두 삭제하고 정기보고로 통합하기 위해 제9-9조로 내용 이동 - 변경사항 발생 후 3개월 내 보고 의무가 변경사항 발생 당해 회계연도 종료 후 5월 이내 보고로 개선되며 부담 대폭 완화

개정 전	개정 후	비고
③ 해외직접투자를 하고자 하는 자는 별지 제9-1호 서식의 해외직접투자 신고서(보고서)에 다음 각호의 서류를 첨부하여 당해 신고기관에 제출하여야 한다. 제1항 단서에 따른 누적 투자금액이 미화 50만불 이내에서의 투자의 경우로서 사후에 보고하는 경우에도 같다. 다만, 제4항에 따라 이미 제출한 서류는 제출하지 아니할 수 있다. 3. 주식을 통한 해외직접투자인 경우에는「공인회계사법」에 의한 회계법인의 주식평가에 관한 의견서	③ 해외직접투자를 하고자 하는 자는 별지 제9-1호 서식의 해외직접투자 신고서(보고서)에 다음 각호의 서류를 첨부하여 당해 신고 <u>또는</u> 보고기관에 제출하여야 한다. <u>제2항에 따른 사후보고의 경우에도 같다.</u> 다만, 제4항에 따라 이미 제출한 서류는 제출하지 아니할 수 있다. <s>3. 주식을 통한 해외직접투자인 경우에는「공인회계사법」에 의한 회계법인의 주식평가에 관한 의견서</s>	○ 소규모 투자이거나 투자대상국의 인프라가 후진적인 경우, 해외직접투자 법인에 대한「공인회계사법」에 의한 회계법인의 주식평가가 쉽지 않은 사례 발생 ○ 이 경우, 주식평가 의견서 제출이 요식화되고 있어 관련 서류 제출 의무를 경감

개정 전	개정 후	비고
제9-9조(사후관리) ① 해외직접투자자는 다음 각호의 1의 보고서 또는 서류를 다음 각호의 1에서 정한 기일 내에 당해 신고기관의 장에게 제출하여야 한다. 다만, 해외직접투자자 또는 투자한 현지법인의 휴·폐업, 현지의 재난·재해 등 불가피한 사유로 해외직접투자자가 보고서 등을 제출하는 것이 불가능하다고 신고기관의 장이 인정하는 경우에는 당해 불가피한 사유가 해소되기 전까지 다음 각호의 1의 보고서 또는 서류를 제출하지 아니할 수 있다.	제9-9조(사후관리) ① 해외직접투자자는 다음 각호의 1의 보고서 또는 서류를 다음 각호의 1에서 정한 기일 내에 당해 신고기관의 장에게 제출하여야 한다. 다만, 해외직접투자자 또는 투자한 현지법인의 휴·폐업, 현지의 재난·재해 등 불가피한 사유로 해외직접투자자가 보고서 등을 제출하는 것이 불가능하다고 신고기관의 장이 인정하는 경우에는 당해 불가피한 사유가 해소되기 전까지 다음 각호의 1의 보고서 또는 서류를 제출하지 아니할 수 있다.	○ 당초 규정 제9-5조에 따라 사유 발생 후 3개월 이내에 신고기관의 장에게 보고해야 함
8. 기타 신고기관의 장이 해외직접투자자의 사후관리에 필요하다고 인정하여 요구하는 서류

9. (신설): 기존 제9-5조 제2항에서 변경사유 발생 후 3개월 내 보고하도록 규정한 사항을 이동한 규정에 불과 | 8. 거주자가 동 규정 제9-5조 제1항의 규정에 의하여 신고하거나 보고한 내용을 변경하는 경우(현지법인의 영 제8조 제1항의 요건에 해당하는 자회사 또는 자회사의 영 제8조 제1항의 요건에 해당하는 손자회사의 설립·투자금액 변경·청산 및 「외국환거래법」 시행령 제8조 제1항 제4호에 따라 금전을 대여했으나 1년 이내에 회수하는 경우를 포함한다) : 변경사유가 발생한 회계기간 종료 후 5월 이내

9. 해외직접투자를 한 거주자가 다른 거주자에게 당해 주식 또는 지분을 매각하는 경우 : 변경사유가 발생한 후 3개월 이내 | |

2. 외국환거래업무취급지침 제9장 제1절 「해외직접투자」- 2022. 1. 20. 현재 전국은행연합회 외국환전문위원회

제1관. 통칙

【 공통제출서류 】

1. 해외직접투자신고서(보고서) (규정서식 제9-1호)

2. 사업계획서(지침서식 제9-1호)

3. 사업자등록증사본 등
   - 투자자가 법인인 경우: 사업자등록증 사본, 납세증명서(관할세무서장 발행)
   - 투자자가 개인사업자인 경우: 사업자등록증 사본, 주민등록등본, 납세증명서(관할세무서장 발행)
   - 투자자가 개인인 경우: 주민등록등본, 납세증명서(관할세무서장 발행)
   - ※ 상기서류 중 사업자등록증사본은 최근 1년 이내 제출한 사실이 있을 경우 그 징구를 생략할 수 있음

【 추가제출서류 】

1. 상환기간 1년 이상인 금전대여에 의한 해외직접투자인 경우 금전대차계약서

2. 외국자본과 합작인 경우 당해 사업에 관한 계약서

3. 현물투자명세표 2부(현물투자의 경우)

4. 주식을 통한 해외직접투자인 경우에는 공인회계사법에 의한 회계법인의 주식평가에 관한 의견서

5. 관련기관으로부터 제재를 받은 후 사후신고를 하는 경우에는 신고기관의 장은 제재조치에 대한 관련 서류를 추가 징구
   ☞ 제재조치 완료 후 신규에 준하여 사후신고

6. 취득예정인 현지법인 주식 또는 지분의 액면가액과 취득가액이 상이한 해외직접투자의 경우 차액의 적정성을 확인하기 위하여 전문평가기관, 공인회계사 등의 의견(평가서, 의견서)을 제출받아야 함
   ☞ 다만 인수하고자 하는 법인이 상장법인으로 동 취득가액이 거래시세와 크게 차이가 없을 경우 거래시세 관련 자료 첨부로 갈음 가능

7. 해외직접투자관련 매 송금시 납세증명서(관할세무서장 발행) 1부
   ☞ 다만 기 징구한 납세증명서의 유효기간이 경과하지 아니한 경우 추가징구 생략

8. 금전의 대차계약신고필증(규정 제7-16조제1항의 경우)

9. 기타 외국환은행의 장이 필요하다고 인정하는 서류

【 공통확인 및 유의사항 】

1. 다음 각목의 1에 해당되지 않아야 함

　가. 다음 각 항의 1에 해당하는 자가 신용정보의이용및보호에관한법률에 의한 금융거래 등 상거래에 있어서 약정한 기일 내에 채무를 변제하지 아니한 자로서 종합신용정보집중기관에 등록된 자인지 여부 및 조세체납자인지 여부를 신고 및 송금시점에서 당사자의 신용정보 출력과 납세증명서(관할세무서장 발행) 징구에 의해 확인하여야 함. 다만, 신용정보관리규약상 그 등록사유가 해제된 경우 및 채무자회생및파산에관한법률(통합도산법)에 의하여 정리절차가 진행되고 있는 기업체가 기존의 유휴설비나 보유기술을 투자하거나 관련 법령이 정한 법원 또는 채권관리단(채권자협의회 포함)의 결정에 의한 경우에는 그러하지 아니함

　　　① 해외직접투자를 하고자 하는 기업체 및 동 기업체의 대표자. 단, 납세증명서의 경우 기업체의 대표자는 징구생략하며 고용대표자임을 입증할 수 있는 서류를 제출하는 경우 대표자의 신용정보 출력 생략가능

　　　② 투자자가 개인인 경우에는 동 개인

　나. 투자자가 개인이나 개인사업자인 경우

　　　① 해외이주 수속중인지의 여부 확인은 신청일로부터 과거 3영업일 이내에 발급된 당해 투자자의 주민등록등본에 의한 해외이주 수속 중인 자에 한함

　　　② 영주권 등을 취득하기 위하여 투자하고자 하는 자

　다. 투자비율이 10% 이상인지(영 제8조제2항제3호의 경우 제외) 또는 영 제8조제1항제2호에 해당하는 경제관계 수립여부 확인할 것

2. 해외직접투자 신고서(보고서) 분실시 원본은 재발급할 수 없으며 사본(원본
대조필 날인)발급만 가능함

3. 해외직접투자를 하고자 하는 자는 다음 각목의 1에 해당하는 은행을 지
정거래외국환은행으로 지정하여 신고하여야 함

가. 주채무계열 소속기업체인 경우에는 당해 기업의 주채권은행

나. 주채무계열 소속기업체가 아닌 경우에는 여신최다은행

다. 가목 및 나목에 해당되지 않는 경우(개인 및 개인사업자 포함)에는 거주자
가 지정하는 은행
※ "여신"이란 대출금, 외화대출금, 내국수입유산스, 지급보증대지급금,
지급보증을 말하며 여신최다은행은 「신용정보관리규약」제2장에 의
하여 집중된 여신규모(한도기준)가 최대인 은행을 말함
※ 여신최다은행은 거주자의 최초투자시 여신이 최다인 은행을 말함.
즉, 해외직접투자신고 후 여신최다은행이 변경될 경우에도 최초 지
정한 은행에서 계속 신고함. 다만, 거주자가 거래외국환은행을 변경
하고자 하는 경우에는 변경 가능

4. 현물투자의 경우 현물투자명세표 1부를 신고수리서에 첨부하고 간인하
여 교부할 것(세관 통관시 사용)
☞ 현물투자명세표상의 원화표시 현물가액을 외화로 환산할 때에는 신
고서 접수일의 시장평균환율(매매기준율)을 적용할 것

5. 투자자는 해외직접투자의 신고를 받은 날(장기투자를 요하는 해외직접투자사업
의 경우에는 신고서에 명시된 예정투자일)부터 1년 이내에 신고내용에 따라 당해
지급을 하여야 하며 그 기간 내에 이를 하지 아니한 경우 그 신고서의 효
력은 상실된다. 다만, 동 기간 내에 당해 지급을 할 수 없는 부득이한 사

유가 발생한 때에는 당해 신고기관에 유효기간 연장을 신고하여야 함

6. 비영리법인이 해외직접투자를 하고자 하는 경우에는 정관에 해당 사업의 표시가 있고, 관련 법령에서 인정하는 경우에만 가능함
   ☞ 해외 비영리법인에 대한 비영리법인의 해외직접투자는 불가함

7. 거주자가 신고를 하지 아니하거나 신고된 내용과 다르게 해외직접투자를 한 경우에는 당해 위반사실을 제재기관의 장에게 보고하고 당해 투자에 대하여 신고기관의 장에게 사후신고를 할 수 있음

8. 개인(개인사업자 포함)이 해외직접투자를 하는 경우로서 투자업종이 부동산 관련업일 경우 현지법인 형태의 투자에 한함
   ※ 부동산 관련업이라 함은 부동산임대업, 부동산 분양공급업, 골프장 운영업을 말함(규정 제1-2조제10호)

9. 규정 제7-31조제2항에 의거 한국은행총재앞 증권취득 신고 후 증액투자 등으로 해외직접투자규정에 해당하는 경우 한국은행 증권취득신고필증을 첨부하여 신청하여야 함

10. 해외직접투자자가 신고 절차를 이행하기 전에 미화 1만불 범위 내에서 투자자금을 규정 제4-3조제1항제1호의 절차에 따라 지급하였거나 휴대하여 직접 지급한 경우 지분 또는 주식을 취득한 날로부터 1년 이내에 신고절차를 이행하여야 함
    ☞ 자본금 납입없이 설립한 해외법인의 경우 해외직접투자 신고는 최초 지분 또는 주식 취득을 위한 자본금 납입 이전까지 할 수 있음

11. 해외직접투자 최초 신고시 경영에 참가할 수 없는 지분(예: 우선주 등)만을 취득하는 경우에는 본 절의 적용대상이 아님

12. 규정 제7-16조제1항에 의거 거주자의 현지법인에 대한 상환기간 1년 미만의 대출을 신고한 자가 당초 신고한 상환기간의 연장으로 인하여 대출기간이 1년 이상이 되는 경우 금전의 대차계약신고필증을 첨부하여 신고하여야 함

【 해외직접투자 사업의 사후관리 및 보고서 등의 제출 】

1. 신고기관의 장은 해외직접투자 관리대장(지침서식 제9-18호)을 작성해야 함. 다만, 전산으로 관리하는 경우에는 관리대장을 작성한 것으로 갈음함

2. 해외직접투자자는 다음 각목 1의 보고서 또는 서류를 정한 기일 내에 당해 신고기관에 제출하여야 함. 다만, 신고기관의 장이 해외직접투자자 또는 투자한 현지법인의 휴·폐업 등으로 인해 보고서 등의 제출이 불가능하다고 인정하는 경우에는 해당 보고서 등을 제출하지 아니할 수 있음
(규정 제9-9조제1항)

　　가. 외화증권(채권)취득보고서(법인 및 개인기업 설립보고서를 포함): 투자금액 납입 또는 대여자금 제공후 6월 이내. 다만 영 제8조제2항제3호의 규정에 의한 해외자원개발사업 및 사회간접자본개발사업으로서 법인 형태가 아닌 투자의 경우에는 제출을 면제함
　　※ 다만, 공통확인 및 유의사항 제12호에 해당하는 경우에는 대부투자 신고 시에 외화증권(채권)취득보고서(지침서식 제9-10호)를 제출해야 함

　　나. 송금(투자)보고서: 송금 또는 투자 즉시(투자금액을 현지금융으로 현지에서 조달하는 경우 투자시점)
　　☞ 신고한 지정거래외국환은행을 통하여 송금한 경우 송금 cable 등으로 송금(투자)보고서에 갈음할 수 있음

다. 연간사업실적 보고서(해외자원개발사업 및 사회간접자본개발사업으로서 법인 형태가 아닌 투자의 경우는 제외함): 회계기간 종료 후 5월 이내. 다만, 신고기관의 장은 부동산관련업 이외의 투자사업으로서 투자금액의 합계가 미화 200만불 이하인 경우에는 제출을 면제할 수 있으며, 미화 300만불 이하인 경우에는 현지법인 투자현황표(지침서식 제9-16호)로 갈음할 수 있음

라. 해외직접투자사업 청산 및 대부채권 회수보고서(금전대여의 경우 원리금 회수내용 포함): 청산자금 영수 또는 원리금 회수 후 즉시
   ※ 해외에서 인정된 자본거래로 전환하는 경우에는 전환 전에 청산보고 할 것
   ※ 비거주자에의 전액 지분매각은 청산에 준함

마. 청산보고서를 제출할 경우에는 청산시 회수자금을 증빙할 수 있는 서류를 함께 제출해야 함. 단, 누적 투자금액 10만불 이하인 경우에는 제출하지 아니할 수 있음

바. 기타 신고기관이 해외직접투자의 사후관리에 필요하다고 인정하여 요구하는 서류

3. 보고서 제출 등

가. 해외직접투자(신규 및 증액투자)신고 또는 내용변경 보고를 받은 외국환은행(이하 "신고기관"이라 한다)의 장은 동 신고서(보고서) 및 사업계획서 사본을 즉시 본점앞 보고하여야 하며, 본점은 해외직접투자 신고서(보고서) 사본, 내용변경보고서 사본, 해외직접투자신고 및 투자실적 보고서(월보, 지침서식 제9-17호) 등을 매 익월 15일 이내에 한국수출입은행장 앞 보고하여야 함
   ☞ 투자자의 상호, 대표자, 소재지, 현지법인명, 현지법인의 소재지가 변

경된 경우를 포함하여 한국수출입은행장 앞 통보하여야 함

나. 신고기관의 장은 규정 제9-9조제1항제5호에 의거 투자자로부터 연간
    사업실적 보고서를 제출 받은 후 즉시 동 사본을 한국수출입은행장
    앞 보고하여야 함. 다만, 부동산관련업 이외의 투자사업으로서 투자
    금액(신규 및 증액투자의 합계금액)이 미화 200만불 초과 미화 300만불 이
    하인 경우에는 현지법인투자현황표를 한국수출입은행에게 보고하여
    야 함

    ☞ 해당 투자자 및 투자한 현지법인이 휴·폐업, 현지의 재난·재해 등의
       불가피한 사유로 인해 신고기관의 장이 투자자로부터 관련 보고서
       나 서류를 제출받는 것이 불가능한 것으로 인정되는 경우에는 해당
       보고서 등을 제출하지 아니할 수 있다. 이 경우 신고기관의 장은
       휴·폐업, 현지의 재난·재해 등의 불가피한 사유로 인한 제출 곤란
       등의 사실을 입증할 수 있는 자료를 보관하고 한국수출입은행장에
       게 해외직접투자 사후관리의무면제보고서(지침서식 제9-24호)를 작
       성·제출하여야 함(규정 제9-9조제2항)

    ※ 불가피한 사유의 예시: 휴·폐업, 소재불명, 지진·화재 등의 재난, 현
       지법인간 법적 분쟁으로 인한 소송, 현지 신용평가상 파산상태 등

다. 개인투자자가 시민권 또는 영주권을 취득한 경우에는 규정 제9-4조(투
    자금 회수), 제9-6조(해외직접투자사업의 청산) 및 제9-9조(사후관리)를 적용
    하지 아니함

    ※ 영주권을 취득한 개인투자자가 이후 국내에 체재하여 거주자가 된
       경우에는 계속 사후관리하여야 함

    ☞ 다만 이 경우 신고기관의 장은 시민권 또는 영주권 취득을 입증할 수
       있는 자료를 보관하고 한국수출입은행장에게 해외직접투자·해외
       부동산 사후관리의무면제보고서(지침서식 제9-24호)를 작성제출하여
       야 함(규정 제9-9조제2항)

제2관. 해외직접투자신고 등

1) 금융기관을 제외한 거주자의 해외직접투자(규정 제9-5조)

내용

금융기관을 제외한 거주자가 해외직접투자(증액투자 포함)를 하고자 하는 경우

제출서류

1. 제1절 공통제출서류 및 추가 제출서류

확인 및 유의사항

1. 제1절 공통확인 및 유의사항 참조
2. 자행이 지침서식 제1-2호에 의한 지정거래외국환은행으로 등록되어 있는지 여부
3. 거래외국환은행의 지정은 투자사업별이 아닌 투자자별로 함
4. 제3호에 불구하고 동일사업에 대한 투자자가 2인 이상인 경우에는 공동으로 신고할 수 있으며 이 경우 투자비율이 가장 많은 거주자(투자비율이 같은 경우 자본금 규모가 큰 거주자)의 지정거래외국환은행에 신고하여야 함. 단, 투자자 각각의 투자비율이 10% 미만인 경우에는 동일한 지정거래외국환은행을 통하여 신고하고, 신고서는 투자자별로 작성하여야 함
5. 규정 제7-16조제1항에 의거 거주자의 현지법인에 대한 상환기간 1년 미만의 대출을 신고한 자가 당초 신고한 상환기간의 연장으로 인하여 대출기간이 1년 이상인지 여부를 확인

2) 금융기관을 제외한 거주자의 해외직접투자 내용변경 등(규정제9-5조 제1항 및 제2항)

내용

거주자간 투자지분을 양·수도하는 경우

제출서류

1. 거주자 간 해외직접투자 양수도 신고(보고)서(지침서식 제9-8호)
2. 양수도계약서(거주자의 투자지분을 다른 거주자에게 양도하는 경우)
3. 당초 신고(보고)서 사본

확인 및 유의사항

1. 자행이 지침서식 제1-2호에 의한 지정거래외국환은행인지 여부
2. 제1절 공통확인 및 유의사항 참조
3. 양도자와 양수자가 양도자의 지정거래외국환은행에 함께 신청하여야 하며 신고 및 보고 후 양도자의 지정거래외국환은행은 당해 사업에 관한 일체의 서류를 양수자의 지정거래외국환은행 앞 이관하여야 함(일부 양도인 경우 사본 송부)
4. 투자자의 합병·분할의 경우 변경사유가 발생한 후 3개월 이내에 사후 보고할 수 있음
5. 제출서류 "2"의 경우 양수도계약서에 첨부해야 할 서류:
   - 양수인 사업자등록증 또는 주민등록증 등 실명확인증표
   - 양수인의 납세증명서, 신용정보조회표(법인의 경우 대표자를 포함. 단, 고용 대표자임을 입증할 수 있는 서류를 제출하는 경우 대표자 생략가능)
   - 3영업일 이내에 발급된 주민등록등본(개인에 한함)
   - 양수자는 지정거래외국환은행에 제출서류 "1" 또는 해외직접투자신고 서(보고서)(별지제9-1호서식)을 제출하여야 함
     - ☞ 양도인의 신청 시 양수인은 해외직접투자의 거래외국환은행을 지정하여야 함

※ 해외직접투자 유효기간 연장, 대부투자기한 연장, 대부투자 상환방법·금리변경 등의 경우에는 내용변경 보고가 아닌 내용변경 신고대상임

내용

거주자간 양수도가 아닌 내용변경인 경우(비거주자 앞 지분 일부 양도, 현지법인의 자회사 및 손자회사의 설립·투자금액변경 등)

제출서류

1. 해외직접투자내용변경신고(보고)서(지침서식 제9-6호)
2. 당초 신고서
3. 자(손자)회사 사업계획서(지침서식 제9-7호)

확인 및 유의사항

1. 자행이 지침서식 제1-2호에 의한 지정거래외국환은행인지 여부
2. 제1절 공통확인 및 유의사항 참조
3. 변경사유가 발생한 후 3개월 이내에 당해 신고기관의 장에게 보고하여야 함
※ 내용변경 사유 예시
　가. 투자자의 상호·대표자·소재지, 현지법인명·현지법인의 소재지 변경
　나. 현지법인의 자회사 또는 손자회사의 지분율이 변경된 경우
　다. 현지의 예상치 못한 사정이나 경영상 급박한 사정 등으로 사전에 제출한 사업계획을 사전신고 후 변경하는 것이 적절치 않은 경우로서 추가 투자금액을 필요로 하지 않는 경우
　라. 대부투자신고후 1년이내 자금회수
　　☞ 다만, 규정 제9-5조 제1항 단서의 경우를 제외하고, 투자자의 투자금 변동 없이 발생한 지분율 변동의 경우에는 보고대상이 아님

4. 투자지분의 일부를 비거주자에게 양도하는 경우 양도 시점의 순자산액
   에 비추어 양도가액이 적정한지 여부
5. 해외직접투자금액을 증액하는 경우는 본 항목 적용대상이 아님
   ☞ 최초 해외직접투자 신규절차에 의거 처리(항목1)
6. 자(손자)회사 청산 시에는 제출서류 "1"를 징구하여야 함
7. 비거주자에의 전액 지분매각은 규정 제9-6조(해외직접투자사업의 청산)에
   의함

3) 사후보고 방식에 의한 거주자의 해외직접투자(규정 제9-5조제1항)

내용
누적 투자금액 50만불 이내에서 투자금 지급이 있는 날로부터 1개월 이내
사후보고하고자 하는 경우
※ 누적 투자금액은 투자자별 2015. 1. 1. 이후 누계 기준임

제출서류
1. 투자금 지급시 제출서류
   - 제1절 공통제출서류 중 제3호
   - 규정 제9-5조제3항제4호에 해당하는 서류
2. 사후보고 시 제출서류
   - 제1절 공통제출서류 및 추가 제출서류(단, 투자금 지급시 제출서류 제외)

확인 및 유의사항
1. 제1절 공통확인 및 유의사항 참조
2. 자행이 지침서식 제1-2호에 의한 지정거래외국환은행으로 등록되어 있
   는지 여부
3. 거래외국환은행의 지정은 투자사업별이 아닌 투자자별로 함
4. 본 항목의 투자자금은 대외지급수단의 송금방식에 한함

5. 본 항목에 해당하는 경우에는 규정 제4-2호 및 제4-3호에도 불구하고
   투자금을 사전에 송금할 수 있음

6. 사업계획서(지침서식 제9-1호)는 투자금지급시에는 제출을 생략하는 대신
   사후보고시에는 제출하여야 함

   ☞ 본 항목은 증액투자 및 대부투자의 경우에는 적용하지 않음